In gleicher Ausstattung bereits erschienen:

Klaus Kastenholz – Berühmte & berüchtigte Düsseldorfer
Sven Loerzer – Berühmte & berüchtigte Münchner
Helmut Böger – Berühmte & berüchtigte Wuppertaler

2. Auflage 1996

Satz: Data System, Wuppertal
Druck und Bindung: Fuldaer Verlagsanstalt GmbH
ISBN 3-927283-07-X

BERÜHMTE
&
BERÜCHTIGTE

Helmut Böger/
Gerhard Krüger

BONNER

40 Porträts

Graphium **press**

Inhalt

Vorbemerkung

Was ein berüchtigter Bonner ist oder eine berüchtigte Bonnerin, wer ein berühmter Bonner und wer eine berühmte Bonnerin ist, darüber läßt sich trefflich streiten. Genauso wie darüber, wer in ein Buch mit dem Titel »Berühmte und berüchtigte Bonner« hineingehört und wer nicht. Auch zwischen uns, den Autoren, gab es darüber Diskussionen.

Leicht haben wir es uns nicht gemacht. Hier einige Hinweise zur Auswahl: Das politische Bonn, das Bonn der Abgeordneten, der Minister und der Beamten, haben wir nur in einem sehr begrenzten Umfang aufgenommen. Einmal weil es darüber mehr als genug andere Veröffentlichungen gibt. Doch der Hauptgrund ist ein anderer: Viele Politiker sind nur Funktions-Bonner, selbst wenn sie jahrzehntelang hier gewirkt haben und wenn sie sogar zum Ehrenbürger gewählt worden sind. So ist Adenauer, um einen von ihnen zu nennen, Kölner und Rhöndorfer. In Bonn hat er gearbeitet; gewirkt, Politik gemacht, gewohnt hat er in der kleinen Stadt am Rhein jedoch nicht.

Aufgenommen in dieses Buch haben wir Menschen, die hier tatsächlich gewohnt haben, die eine nachweisbare Beziehung zu dieser Stadt gewonnen haben, die über das rein Funktionale des Hier-sein-Müssens hinausgeht. Dabei war nicht ausschlaggebend, ob diese Person in Bonn geboren wurde. Viele bedeutende Bonner sind zugezogen, sind nicht mit Rheinwasser getauft.

Es war einfacher, an Quellen über die *berühmten* Bonner heranzukommen, rühmt sich doch gerne eine Stadt ihrer großen Söhne und Töchter – mögen es auch letztlich Adoptivkinder sein. Schwieriger war es, sich den Berüchtigten zu nähern, insbesondere, wenn es um Menschen aus der jüngsten, der braunen Vergangenheit ging.

In den meisten Fällen konnten wir uns bei den Lebensbeschreibungen der Bonner – seien sie berühmt oder berüchtigt, das ändert sich gelegentlich im Lauf der Geschichte – auf bereits bekannte Quellen stützen. In einigen Fällen bedurfte es aufwendiger Studien in nicht publiziertem Material, z.B. in Nachlässen, die uns zur Auswertung überlassen wurden.

Es kam uns bei der Beschreibung der Bonner darauf an, Geschichte lebendig zu machen und die Personen in ihrer Zeit so zu skizzieren, daß sie aus ihrer Zeit heraus verständlich werden. Wir haben Wert darauf gelegt, daß man jedes Porträt einzeln lesen kann, in beliebiger Reihenfolge, je nach Interesse, wobei man natürlich auch einige vernachlässigen kann. Die Wertung der beschriebenen Personen ist eindeutig subjektiv, obgleich wir uns um Objektivität und Faktengenauigkeit bemüht haben. Zu dieser Subjektivität, die durchaus die Gefahr der Ungerechtigkeit beinhaltet, bekennen wir uns ausdrücklich. Anders wäre so ein Buch nicht machbar gewesen.

Wir bedanken uns bei all denen, die uns bei der Arbeit an diesem Buch behilflich waren mit

Rat und auch mit Tat. Unser ganz besonderer Dank gilt den Mitarbeitern des Archivs der Stadt Bonn, die unermüdlich und mit einigem Spaß an der Sache geholfen haben.

Unser Dank gilt ebenso dem Städtischen Kunstmuseum, dem Frauen-Museum Bonn, dem Verein der Synagoge, der Friedrich-Wilhelm-Universität und vielen Bonner Bürgern.

Bonn, Oktober 1990
Helmut Böger und Gerhard Krüger

Postskriptum
Nur ein paar Tage, nachdem wir die Arbeiten an dem Manuskript für die »Berühmten und berüchtigten Bonner« abgeschlossen und gemeinsam das Vorwort verfaßt hatten, verstarb mein langjähriger Kollege und Freund Gerhard Krüger am 23. November 1990. Er ist 64 Jahre alt geworden. Sein Herz versagte – ein Journalistentod. Es tut mir leid, daß er das fertige Buch nicht mehr in Händen halten, es nicht mehr begleiten konnte in die Öffentlichkeit. Er hat es als sein Vermächtnis angesehen.

Ich habe Gerd viel zu danken.

Helmut Böger, Februar 1991

Ernst Moritz Arndt

20 Jahre Berufsverbot für den radikalen Professor

Der Brief datiert vom 9. März 1849. Absender ist der Bonner Professor Ernst Moritz Arndt, Alterspräsident der Frankfurter Nationalversammlung. Empfänger: König Friedrich Wilhelm IV von Preußen. Arndt appelliert an seinen König, die deutsche Kaiserkrone anzunehmen: »Ja, erhabenster König und Herr! Groß ist die Gefahr des Augenblicks, aber herrlich ist auch der Preis, der dem Muthe winkt. Dir bleibt keine Mitte mehr: Wage voll und ganz deutsch zu seyn; wage Retter und Halter des deutschen Vaterlandes zu werden; wage alle seine Gefahren zu theilen, zu nehmen und zu übernehmen; wage ganz mit dem Vaterlande zu stehen, und Du wirst stehen und bestehen…«

König Friedrich Wilhelm IV wagte nicht, er wollte nicht Kaiser werden. Ihm fehlte die Zustimmung der deutschen Fürsten dazu. Intern verlauteten Seine Majestät, die Krone trage den »Ludergeruch der Revolution«, sie sei »aus Dreck und Lettern gebakken«. 22 Jahre lang mußten die Deutschen warten, bis sie einen Kaiser kriegten. Doch das Kaisertum, das Bismarck 1871 schuf, war ein anderes, als es sich der Bonner Historiker, Schriftsteller und Politiker Ernst Moritz Arndt erträumt hat.

Arndts Bild in der Geschichte ist seltsam diffus. Zum einen ist er glühender Nationalist mit chauvinistischen Tönen, zum anderen aufgeklärter fortschrittlicher Republikaner. Der preußischen Obrigkeit war er so verdächtig, daß er 20 Jahre lang Berufsverbot bekam. Gleichwohl hat er viele gefühlige Kirchenlieder verfaßt, die noch heute in den evangelischen Gesangbüchern stehen. So heißt es in einem geistlichen Volkslied von 1813: »Dies ist der Mann, der sterben kann für Gott und Vaterland, er läßt nicht ab bis an das Grab mit Herz und Mund und Hand. So, deutscher Mann, so, freier Mann, mit Gott dem Herrn zum Krieg! Denn Gott allein kann Helfer sein, von Gott kommt Glück und Sieg.«

Geboren wurde Arndt am zweiten Weihnachtsfeiertag 1769 auf Rügen. Sein Vater war Leibeigener gewesen, hatte es dann zum Pächter gebracht. Arndt konnte studieren, Theologie und Geschichte belegte er in Jena und Greifswald, schlug sich dann einige Zeit als Hauslehrer durch, bevor er 1800 Universitäts-Dozent in Greifswald wurde. Mit seiner Streitschrift »Versuch einer Geschichte der Leibeigenschaft in Pommern und Rügen« bewirkte er die Aufhebung der menschenunwürdigen Zustände dort.

Im Jahre 1806 legte sich Arndt mit den Franzosen an, die halb Europa besetzt hielten. Sein vierbändiges Werk »Geist der Zeit« (1806 – 1818) ist zum großen Teil eine Schrift gegen Napoleon. Arndt mußte fliehen und ging nach Stockholm.

Der preußische Reformer Freiherr vom Stein entdeckte den streitbaren Gelehrten und bestellte ihn während seiner Petersburger Zeit (1812 – 1815) zum Persönlichen Referenten, wie man heute sagen würde. Unermüdlich schrieb Arndt für die Erhebung gegen das Joch Napoleons. Arndts Bestseller waren die »Lieder für Teutsche«, darin das Opus: »Der Gott der Eisen wachsen ließ« und »Was ist des Deutschen Vaterland«.

Als Napoleon besiegt war und der Wiener Kongreß die restaurative Friedensordnung Europas bestimmt hatte, bekam Arndt einen Ruf an die Bonner Universität, die am 18. Oktober 1818 vom preußischen König Wilhelm III gegründet wurde. Er ist gern nach Bonn gezogen. Denn schon anläßlich einer Reise im Jahre 1798 beschreibt er die Stadt sehr freundlich: »Dieses Städtchen liegt sehr anmutig am Rhein, zu welchem es ziemlich steil von einem Hügel hinabsteigt, welches seinen Gassen eben keinen angenehmen Abhang, noch den Häusern die gehörige Reihung aneinander giebt. Außer einigen Plätzen und den um- und anstehenden Häusern sind seine Gassen eng und spitzsteinig und schief, doch die Häuser größtentheils ganz nett und zierlich von außen anzusehen. Aber das Innere von Bonn ist nichts gegen das Aeußere, das es zu einem der lustigsten Landstädtchen macht, die man vielleicht weit und breit finden mag.«

Ganze zwei Jahre darf Arndt an der neuen Universität lehren, dann bekommt der Radikale im öffentlichen Dienst Berufsverbot – lange 20 Jahre. Wie das?

Am 23. März 1819 war der volkstümliche, aber erzreaktionäre Lustspieldichter August von Kotzebue in Mannheim von dem Studenten Karl Ludwig Sand erdolcht worden. Kotzebue hatte die Burschenschafter mit ätzendem Spott lächerlich gemacht. Nach dem Mord erließen die deutschen Staaten unter Führung Preußens und Österreichs die berüchtigten »Karlsbader Beschlüsse«, denen gegenüber der »Radikalenerlaß« der zweiten deutschen Republik ein Muster an Liberalität war.

Die Burschenschafter soffen nicht nur, sie trieben auch die Demokratie voran

So wurde an jeder deutschen Universität ein Staatskommissar eingesetzt, dessen Aufgabe die »strengste Vollziehung der bestehenden Gesetze und Disciplinar-Vorschriften« war. Professoren, die »durch Mißbrauch ihres rechtmäßigen Einflusses auf die Gemüther der Jugend, durch Verbreitung verderblicher, die bestehenden Staatseinrichtungen untergrabender Lehren« aufgefallen waren, durften nicht mehr unterrichten. Um den »revolutionären Umtrieben und demagogischen Verbindungen« Einhalt zu gebieten, wurde ein Bundesuntersuchungsgesetz durch den Bundestag des Deutschen Bundes in Frankfurt erlassen, das zu einer intensiven Gesinnungsschnüffelei führte. Arndt, der im vierten Teil seines Buchs »Geist der Zeit« die Restauration nach dem Wiener Kongreß gegeißelt hatte, wurde verhaftet, sein Haus durchsucht, seine Schriften beschlagnahmt. 1820 wurde ihm jede Lehrtätigkeit untersagt, sechs Jahre später mußte er sein Professorenamt niederlegen. Doch die Obrigkeit war wohl zu feige, dem weithin populären Vaterlandsdichter den Prozeß zu machen.

Er zog sich in sein heimeliges, im klassizistischen Stil von Baumeister Friedrich Waesemann 1819 erbautes Haus am Rhein in der Zweiten Fährgasse zwischen der heutigen Adenauerallee und der Rheinpromenade zurück. Das großzügige, lichtdurchflutete Haus ist heute noch so erhalten, wie Arndt es bewohnt hat. Treue Freunde, so der Freiherr vom Stein, unterstützen den Verfemten und seine vielköpfige Familie – auch finanziell. Obgleich der Hausherr ohne Amt war, wurde sein Sitz mit der biedermeierlichen Behaglichkeit ein beliebter Treffpunkt für die Bonner Intelligenz.

Das Arndt-Haus ist im Urzustand erhalten

Erst 1840 setzte der preußische König Friedrich Wilhelm IV Arndt wieder in sein Professorenamt ein, sogleich wurde er zum Rektor gewählt. Bis 1854 hat er an der Uni Vorlesungen gehalten. Auf die politische Bühne drängte es ihn noch einmal im Zuge der 48er Revolution. Zusammen mit sechs anderen Bonnern wurde Arndt Abgeordneter der Frankfurter Nationalversammlung in der Paulskirche. Die Abgeordneten wählten ihn zum Alterspräsidenten. Dort machte er sich stark für ein preußisches, an eine Verfassung gebundenes Kaisertum. Doch der Preußenkönig wollte nicht Kaiser werden.

Am 29. Januar 1860 starb Arndt in Bonn in seinem Haus am Rhein. Er starb in dem Bett, das heute noch im Arndt-Haus, gleich hinter seinem Arbeitszimmer, zu besichtigen ist. Beigesetzt wurde er auf dem Alten Friedhof unter einer Eiche, die von seiner Heimatinsel Rügen stammt. Er hatte sie einst selbst gepflanzt auf das Grab seines jüngsten Sohnes, der im Rhein, dem deutschen Schicksalsstrom, ertrunken war. Fünf Jahre nach Arndts Tod errichtete ihm die Stadt ein Denkmal am Alten Zoll. Inschrift: »Errichtet vom Deutschen Volke.« Doch eine Gesamtausgabe seiner Werke gibt es bis heute nicht.

Anna Kohns

Eine Bonnerin schildert den Ersten Weltkrieg

Autorin Anna mit den Eltern

Zu Lebzeiten hat Anna Kohns nicht von sich Reden gemacht. Sie betrieb bis zur Mitte der 50er Jahre einen kleinen, den sprichwörtlichen Tante-Emma-Laden am Poppelsdorfer Friedhof. Erst nach ihrem Tod 1977 fand sich nebst Fotoalben ein Tagebuch, in dem Anna Kohns schildert, wie sie den Ersten Weltkrieg erlebte. Erzählte Geschichte von unten; publiziert schließlich vom Leiter des Bonner Stadtarchivs. Gefunden hatte man das Tagebuch auf einer Müllkippe in Essen. Es war gestohlen und als offensichtlich wertlos von den Einbrechern weggeworfen worden. Sie hatten es aus einem Haus entwendet, das kurz darauf der Spitzhacke zum Opfer fiel.

In diesem Haus Clemens-August-Straße 36 hatte Anna Kohns die längste Zeit ihres unauffälligen Lebens verbracht, und hier starb sie auch 1977 im Alter von 94 Jahren, 17 Jahre nach dem Tod ihres Mannes Eugen. Der Frau, der wir eine unauffällige und hellsichtige Schilderung jenes Weltkrieges verdanken, den man später den Ersten nannte, war Tochter des Glasermeisters Schäfer in Poppelsdorf. Am 11. Juni 1909 heiratete sie den Steinmetz Eugen Kohns. Der baute 1911 im Hause ihrer Eltern an der Clemens-August-Straße 65 ein eigenes Steinmetzgeschäft auf, im gleichen Jahr bezog das Ehepaar das eigene Haus Nummer 36. Hier wurde auch das Tagebuch geschrieben, das vermutlich einzige literarische Zeugnis der Anna Kohns, zumindest das einzige erhaltene.

1914. Das Attentat von Sarajewo auf den österreichischen Thronfolger. Krieg. Wie die meisten Deutschen, so sind auch die Bonner besoffen von Kriegsbegeisterung. Ebenso die Bonner Steinmetzfrau Anna Kohns. Sie ist voller Siegeszuversicht. »Wenn das so weitergeht wie bisher«, notiert sie am 1. Oktober 1914, »ist in einem Monat Schluß.« Das Stocken des Deutschen Vormarsches an der Marne war ihr noch nicht bewußt geworden.

Doch Weihnachten 1914 schreibt sie: »Welch trauriges Fest! Kein Ende zu sehen, noch immer alles beim Alten. Immer weiter. Alle Deutschen und Franzosen sind gut verschanzt. An ein Weiterkommen ist nicht zu denken. Die Franzosen haben gestern vor den hohen Tagen die Offensive ergriffen. Gott sei Dank erfolglos. Aber wieviele Opfer hat dies gekostet, von beiden Seiten.« Dann bricht ihre private Sorge durch: »Was mag mein Bruder machen, ob er die Tage glücklich überstanden hat oder nicht? Wir wollen es hoffen.« Ende November 1914 war ihr Bruder an die Frankreich-Front kommandiert worden.

So hellsichtig sie manchmal auch schreibt, kommt gelegentlich doch Haß auf den Gegner auf. Im Sommer 1915 vertraut sie ihrem Tagebuch an: »Weh Dir England, so Gott will, kommt es noch besser, daß diese ihren verdienten Lohn erhalten.«

Der Bruder gilt als vermißt, nach langer Ungewißheit kommt die Nachricht: Gefallen. Nun glaubt sie den offiziellen Durchhalteparolen nicht mehr. Denn inzwischen wird gehungert. »Was nützen uns alle Siege, wenn nichts zu essen da ist«, schreibt sie zweifelnd.

In der Clemens-August-Straße verbrachte Anna die längste Zeit ihres Lebens. Ihr Tagebuch beschreibt Geschichte von unten

Der Ehemann der Anna Kohns, Eugen, in Uniform

1915 muß jeder Haushalt ein Brotbuch führen, nur gegen dessen Vorlage gibt es Brot und Mehl. Um Fleisch zu sparen, werden fleischfreie Tage angeordnet. Ganz schlimm kommt es im Kohlrübenwinter 1916/17. »Der Tageskopfsatz an Kartoffeln beträgt ein halbes Pfund«, heißt es in einer Verordnung.

Annas Ehemann Eugen ist eingezogen worden. »Nun gehen wir ins vierte Kriegsjahr«, klagt sie in ihrem Tagebuch, »aber an Frieden ist nicht zu denken.« Am 10. Februar 1917 schreibt sie: »Jetzt haben wir seit vier Wochen bitterste Kälte. Im geschlossenen Hofraum sind jeden Morgen 14 – 16 Grad Kälte. Es ist zum Verzweifeln, und dann sind keine Kohlen und Briketts zu haben. Die königlichen Gebäude, Theater, Viktoriabad und sämtliche Schulen sind geschlossen. Auf dem Rhein ein mächtiges Treibeis. Daher können die Kohlenschlepper nicht fahren. In den Fenstern darf abends kein Licht mehr brennen. Wir bekommen jetzt drei Pfund Kartoffeln die Woche, ein Brot, 30 Gramm Butter und am Samstag hatten wir 75 Gramm frisches Fleisch. Eier haben wir seit drei Monaten keine mehr.«

Fünf Jahre lang führte Anna Kohns ihr persönliches Kriegstagebuch, bis ihr Mann im Frühjahr 1919 heimkehrte. Nun war Bonn besetzt, doch das interessierte die Tagebuchschreiberin nicht mehr. Die Zeit zwischen den Kriegen, als sie den Steinmetzbetrieb aufgaben und einen Laden aufmachten, der Weltkrieg Nummer 2, der Aufbau der Bundesrepublik, sie erlebte noch alles mit, doch sie schrieb kein Tagebuch mehr. Schade. Es hätte eine hochinteressante Chronik werden können, wie Geschichte von einer Frau beschrieben wird, mit der Geschichte gemacht wird, die nicht gefragt wird und dennoch antwortet.

Friedrich der Schöne und Karl IV

In Bonn zum Deutschen König gesalbt

Karl IV mit den Insignien des deutschen Königs

Das 14. Jahrhundert war die Zeit der Könige und Gegenkönige. Den Irrungen und Wirrungen dieser durch Pestepidemien, religiöse Wahnideen und Judenverfolgungen geprägten Zeit verdankt Bonn zwei Königskrönungen. 1314 wurde hier Friedrich der Schöne, 1346 Karl IV zum teutschen König gesalbt. Doch während der schöne Friedrich nur ein Kurzzeit-König wurde, eine Fußnote der deutschen Geschichte, entwickelte sich Karl IV zu einem der bedeutendsten Herrscher des Mittelalters. Vielleicht lag es daran, daß der kluge Karl sich drei Jahre nach der Krönung im nicht standesgemäßen Bonn noch einmal, und zwar diesmal richtig, in Aachen krönen ließ nach dem wahrhaft königlichen Motto: Doppelt gemoppelt hält besser.

Aber der Reihe nach, denn die Geschichte der Krönungen und Gegenkrönungen ist auch so verwirrend genug. Fangen wir an mit dem schönen Friedrich. Im Herbst 1314 stirbt König Heinrich VII. Die deutschen Fürsten können sich nicht auf einen Nachfolger einigen. Der Wittelsbacher Ludwig, Herzog von Bayern, erhält zwar mehr Stimmen als der Habsburger Friedrich, doch das Mehrheitsprinzip ist nicht allgemein anerkannt. Der Bayern-Herzog läßt sich daraufhin zwar am richtigen Ort, nämlich Aachen, der Stadt Karls des Großen, krönen, aber er hat nicht die richtigen Insignien. Die stehen dem schönen Friedrich zur Verfügung, und der läßt sich damit im Bonner Münster zum Deutschen König erheben. Welcher König der rechte sei, hätte natürlich der Papst entscheiden können, doch zu der Zeit gab es keinen. Also mußten die Waffen her. Ende September 1322 kommt es zur Schlacht der gegnerischen Könige in Mühldorf am Inn. Der bayerische Ludwig besiegt den österreichischen Friedrich, nimmt ihn gefangen. Trauriges Ende des ersten »Bonner Königs«.

Dem zweiten erging es besser.

»In diesem 1346ten jar hat der nachmalig Kaiser Karolus IV, / grossmächtigen gedächtnis / in dieser statt Bonn geweilet und ist vom erzbischof von Köllen / so damals her Walram von Jülich gewesen / im Münster zum römischen Kunig gekrönet worden. Es haben die burger und bauren / so der statt untertan / drei tage allerhand kurtzweil und ergetzlichkeit getrieben / wozu viel farend volk von allerorten zugeloffen. Es hat auch der adel vom Niederrhein auf der Gronauwisen / so vor der statt dem Rhein zu belegen / ein dornier abgehalten...«

Drei Tage lang wurde gefeiert auf den Gronauwiesen, dort wo jetzt der »Lange Eugen«, das Abgeordnetenhaus steht. Diese Schilderung ist allerdings keine zeitgenössische, sie stammt aus dem Jahre 1913, als die Bonner die

Friedrich der Schöne und Karl IV waren die beiden Bonner Könige – beide gekrönt im 14. Jahrhundert

»Rheinisch-Historischen Festspiele« unter der Schirmherrschaft Seiner Königlichen Hoheit, des Prinzen Adolf zu Schaumburg-Lippe, Prinz von Preußen, begingen.

Sie gedachten ihres zweiten »Bonner Königs«. Jener spätere Kaiser Karl IV war am 11. Juli 1346 von den Erzbischöfen von Köln, Mainz und Trier und dem Herzog von Sachsen-Wittenberg als Gegenkönig zum amtierenden Ludwig dem Bayern gewählt worden. Papst Clemens VI unterstützte Karls Wahl, war der doch bereit, den Kirchenstaat zu garantieren. »Pfaffenkönig« nannte ihn daraufhin die Gegenpropaganda des 1327 als Ketzer verurteilten Bayern-Königs.

Zum Zeitpunkt seiner Wahl ist Karl 30 Jahre alt, er stammt aus dem Haus der Luxemburger, hatte in Paris studiert und eine Tochter des Karl von Valois geheiratet. Karl war Anwärter auf den Thron Böhmens. Weshalb er als böhmischer Kurfürst bei der Königswahl auch mit- (und für sich) stimmen durfte. Schon mit 15 hatte sein Vater, König Johann von Böhmen, seinen Sohn mit der Verwaltung Oberitaliens beauftragt, 1334 wurde er Herrscher von Böhmen und Mähren. Seine Residenz war Prag. Noch heute bestimmen die von Karl errichteten Bauten das Gesicht der »goldenen Stadt« an der Moldau. Sie machte der Bonner König zum geistigen Mittelpunkt des Reichs. Die von ihm 1348 gegründete Prager Universität war die erste nördlich der Alpen.

Doch der Thron, den Karl IV 1346 bestieg, war wackelig. Noch gab es ja Ludwig den Bayern, an dessen Heer schon der erste in Bonn gekrönte König gescheitert war. Der bayerische Ludwig indes war so freundlich und starb rechtzeitig am 11. Oktober 1347 an einem Schlaganfall. Daraufhin erkannten alle deutschen Fürsten – bis auf die eigensinnigen Wittelsbacher – Karl IV als deutschen König an. Der ließ sich 1349 noch einmal in Aachen, der Krönungsstadt des großen Kaisers Karl, krönen – wichtig in dem so zeichen- und symbolgläubigen Mittelalter.

Die Krönung in Bonn war ohnehin nur eine Verlegenheitslösung gewesen. Denn Köln, als Sitz des Erzbischofs eigentlich nach Aachen »zweitwürdigste« Stadt, wollte Karl nicht in seine Mauern lassen. Grund war ein Streit zwischen Köln und dem mit Karl verbündeten Grafen von Jülich.

Die Krönung hat sich für Bonn gelohnt. Karl IV bestätigte die Bonner Stadtrechte und gewährte Zollfreiheit. Der Bonner König wurde ein großer Kaiser. 1355 in Rom gekrönt, erließ er im Jahr darauf mit der »Goldenen Bulle« so eine Art Reichsgrundgesetz, das bis 1806, also 450 Jahre lang, Gültigkeit behalten sollte. Die Goldene Bulle regelt die Vorrechte der Kurfürsten, die Wahl des Königs, sie enthält Bestimmungen über den Landfrieden, die Beschränkung des Faustrechts sowie Verbote von Vereinigungen innerhalb des Reichs.

1346 fand die Wahl eines Königs in Bonn statt. Es sollte 603 Jahre dauern, bis wieder ein deutsches Staatsoberhaupt in Bonn gewählt wurde. Das war 1949, und Theodor Heuss wurde erster Bundespräsident der zweiten deutschen Republik.

Wilhelm Schmidtbonn

Der Dichter mit dem Stadtnamen

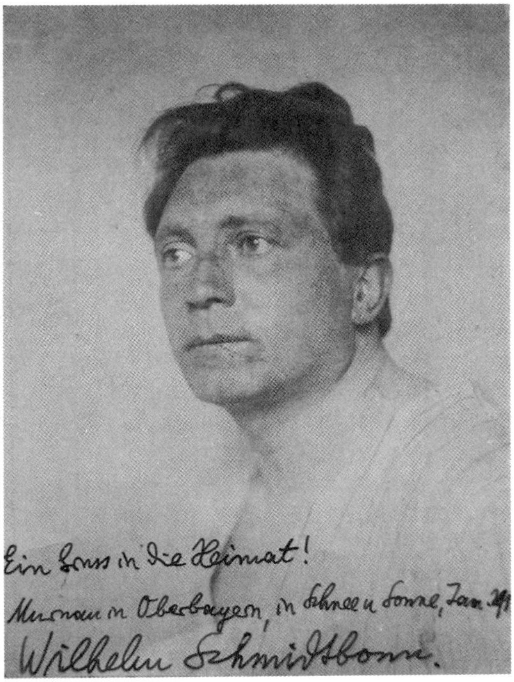

Unter dem Datum des 19. Dezember 1936 schreibt der Dekan der Philosophischen Fakultät der Bonner Universität, Professor Carl Justus Obenauer: »Im Einverständnis mit dem Herrn Rektor der Universität Bonn muß ich Ihnen mitteilen, daß die Philosophische Fakultät sich nach Ihrer Ausbürgerung genötigt gesehen hat, Sie aus der Liste der Ehrendoktoren zu streichen.« Adressat dieses Briefes war Thomas Mann, Nobelpreisträger für Literatur, Ehrendoktor der Bonner Universität seit 1919. In diesem Jahr 1936, in dem die Bonner Philosophen Thomas Mann die Ehrendoktorwürde aberkennen, promovieren sie Wilhelm Schmidtbonn honoris causa, der Ehre wegen. Fünf Jahre später erhielt Dr. h.c. Schmidtbonn den Rheinischen Literaturpreis.

Ein Nazidichter war er sicher nicht, jener am 6. Februar 1876 am Bonner Marktplatz als Sohn eines wohlhabenden Pelzhändlers geborene Wilhelm Schmidt, der sich später den Namen seiner Heimatstadt zueignete, um sich von den vielen Schmidts zu unterscheiden. Er war ein Unpolitischer, einer der zeitlebens dem Ruhme nachjagte.

Es liegt Tragik in dem Leben dieses durchaus begabten, in seinen frühen Jahren ungestümen Dichters, der mit einer Verfemten befreundet war, mit Else Lasker-Schüler, der expressionistischen jüdischen Dichterin aus dem Wuppertal, die im Dritten Reich emigrieren mußte, verarmt starb in Jerusalem und deren Lyrik heute in jedem Oberstufen-Deutschbuch steht. Sie schrieb ihm 1926, zehn Jahre bevor er Ehrendoktor der vom Nazigeist beherrschten Uni wurde, einen Brief zum 50. Geburtstag, voller Liebe und Wärme, in Platt: »Lewer Willem! ...on eck gratoleere Deck do tu, lewer Willem, on wünsch Deck volle Fröde on Gesundheet on een langet amusantet Lewen; hörste! Van die Reimeree han wir jo verdeck beede ken Kastemänneken erlebt ewwer volle Ehre on Anerkennong, on dat is ook wat wert, wat Geistleches, wenn man et ook nich freten kann... Et waren einst schöne Tage, et waren einst schöne Tage! Dinne Fröndin.«

Doch damals schon, 1926, hatte Schmidtbonn den Gipfel eines kurzen, literarischen Ruhms überschritten, seine Stücke wurden nur selten gespielt. Er klagte: »Die Müllkutscher erhalten 13 000 Mark im Jahr. Ich bin in der Überlegung, ob es nicht besser wäre, Müllkutscher zu werden.« Er wurde es aber nicht, sondern Heimatdichter.

Wilhelm Schmidt war in einer gutsituierten Familie mit vielen Geschwistern aufgewachsen, in der Schule war er keine Leuchte, das Abitur schaffte er nicht. Eine Buchhändlerlehre in Gießen ödete ihn an. Mit 20 schrieb er sein erstes Theaterstück »Thomas, ein Lied«. Mit einem flehentlichen Brief schickte er das Opus Nummer Eins an den Bonner Literatur-Professor Berthold Litzmann: »Schreiben Sie mir ein Wort, ob mein Werk das verdient, was ich glaube. Wenn nicht, so werfen Sie alles ins Feuer und lachen über einen Narren.« Litzmann, der 1895 die »Literarhistorische Gesellschaft« in Bonn gegründet hatte und der erste Germanist einer deutschen Universität war, der über lebende Schriftsteller las, warf das Manuskript nicht ins Feuer, sondern lud den jungen Dichter ein und ermöglichte ihm ein Studium. Doch das hielt der Autor auch nicht durch, er wurde ein Wandervogel. Aus den Erfahrungen des unsteten Wanderns entstand das Stück »Mutter Landstraße«, das erste aus seiner Feder, das tatsächlich aufgeführt wurde: am 14. Juni 1901 am königlichen Schauspielhaus in Dresden. Das Publikum war begeistert, die Kritik vernichtend. Sein zweites Stück »Die goldene Tür« wurde nach einer von Zuschauerprotesten begleiteten Uraufführung in München sofort abgesetzt.

Doch sein drittes Schauspiel »Der Graf von Gleichen« brachte ihm Anerkennung. Am 3. Februar 1908 erlebte es seine Uraufführung am Düsseldorfer Schauspielhaus, wo der Dich-

So sieht das Haus des Bonner Dichters heute aus

ter als Dramaturg tätig war. Kein geringerer als der Theatergigant Max Reinhardt inszenierte den Grafen in den Berliner Kammerspielen. Tilla Durieux schreibt in ihren Erinnerungen: »Die Rolle der Gräfin war groß und anstrengend.« Der Graf von Gleichen, so der Inhalt des Stücks, bringt von einem Kreuzzug eine Türkin mit und schlägt der Gräfin von Gleichen eine Ehe zu dritt vor. Sie ermordet die Türkin. Schmidtbonns Graf von Gleichen trägt Stilelemente des Naturalismus und der Neoromantik, manche Literaturwissenschaftler, darunter Detlev Arens, verglichen es mit Werken von Gerhart Hauptmann.

Niemals mehr hatte Schmidtbonn soviel Erfolg wie mit dem »Graf von Gleichen«, obwohl seine weiteren Theaterstücke mit Titeln wie »Der Geschlagene« oder »Der spielende Eros« ab und an bis zum Jahre 1933 einige Male aufgeführt wurden. Nach 1933 fand sich keine deutsche Bühne mehr bereit, ein Schmidtbonn-Werk aufführen zu lassen – doch politische Gründe hatte das nicht.

Wegen seines Herzasthmas – eine häufig psychosomatisch bedingte Krankheit – zog der Dichter es vor, im Süden zu leben, mußte aber 1939 vor Kriegsausbruch wegen Geldmangels heim ins Reich. In Bad Godesberg fand er ein verwunschenes, von wildem Wein überwuchertes Haus an der Konstantin-, früher Heerstraße. Hier lebte und arbeitete er bis zu seinem Tod am 3. Juli 1952.

Der Dramatiker Schmidtbonn war schon zu Lebzeiten nicht mehr zeitgemäß, doch seine beiden Bücher, »An einem Strom geboren«, eine Autobiographie, und der Bonn-Roman »Der dreieckige Marktplatz«, sichern ihm einen Platz zumindest in der rheinischen Literaturgeschichte. Im »Marktplatz«, 1935 erschienen, schildert er das Leben seiner Heimatstadt zwischen 1870 und 1900. Das Literaturwissenschaftler-Ehepaar Doris und Arnold E. Maurer urteilt in seinem vorzüglich erarbeiteten Werk »Bonn erzählt«:

»Schmidtbonn zeigt darin, daß sich auch eine liebevolle Schilderung der Heimat nicht

Schmidtbonns geliebte Terrasse am Rheinufer

mit Schwulst und Süßlichkeit verbinden muß.« Wiewohl er ein sehr fleißiger Autor war – 16 Dramen, 7 Romane, dazu Gedichte und Novellen – »der große Erfolg blieb ihm versagt. Er hat kein glückliches, kein friedliches Leben gehabt, aber er war stets voller Hoffnung, begeisterungsfähig und bereit zu neuen Anfängen«, so die Maurers.

In einem seiner Frau Liese gewidmeten Gedicht schreibt Schmidtbonn: »Wir Menschen wissen nichts. Dies nur: Sein Glück anpacken, mit der Hand umgreifen, in die geraden Augen sehen, so lang es vergönnt ist: Dies können wir.«

In »Die Theaterwelt« klagte Karl Lehmann: »Wo aber hat eine Heimat ihres Sohnes so vergessen wie bei Wilhelm Schmidtbonn, dem der heimatliche Rheinfluß zum ›Strome der Enttäuschungen‹ wurde!« Das wurde geschrieben im Jahre 1926, als der Dichter 50 wurde.

Doch nicht nur die verbrannten und die verfemten, auch die vergessenen Dichter haben uns Heutigen durchaus etwas zu sagen. Zum Beispiel einen Satz über den dreieckigen Marktplatz von Bonn, zu finden in dem Schmidtbonn-Buch »An einem Strom geboren«: »Immer habe ich den Marktplatz meiner rheinischen Vaterstadt geliebt wie einen Menschen. Die Reihe der Häuser ringsum, alle dreieckig wie der Marktplatz selbst, sah eher wie eine Versammlung von schwärmenden Zechern aus. Alle standen ein bißchen schief…«

Johanna und Gottfried Kinkel

Maikäfer mit Stacheln

Die Frage, wer der bedeutendere von beiden sei, Schiller oder Goethe, kann man nur mit einem freudigen Ja beantworten. So lautet eine oft erzählte Stilblüte aus einem Primaner-Aufsatz. Auch die Frage, ob nun Johanna oder Gottfried Kinkel der/die bedeutendere sei, läßt sich nur mit diesem Nonsens-Ja beantworten. Johanna Kinkel, geschiedene Mathieux, geborene Mockel, und ihr (zweiter) Ehemann Gottfried Kinkel regten das Bonn der Mitte des 19. Jahrhunderts auf: mit ihrer unmöglichen Liebe, ihrem ungewöhnlichen Literaturzirkel namens »Maikäferbund« und ihren unzeitgemäßen politischen Ansichten – sie waren Demokraten.

Der Vater von Johanna, Peter Joseph Mockel, verdiente sein karges Brot als Lehrer am französischen Lyzeum in Bonn, ihre Mutter war Tochter eines kurfürstlichen Büchsenspanners. Am 8. Juli 1810 wurde Johanna geboren, vorbei waren die schönen Zeiten, in denen sich Bonn als kurfürstliche Residenzstadt im höfischen Glanze sonnen konnte. Seit der französischen Besetzung 1797 war es ein verschlafenes Provinznest. 1815 kamen die Preußen, die ungeliebten, oft verulkten Herren aus dem fernen Berlin. Ihnen verdankten die Bonner die Wiedereröffnung der Universität im Jahre 1818. Johanna Mockel war ein temperamentvolles, fröhliches Kind, dazu hochmusikalisch. Ihre Freunde nannten sie »die tolle Mockel«. Unterricht bekam sie bei Anton Ries, der schon den jungen Beethoven unterwiesen hatte.

1831 lernte sie den Buch- und Musikalienhändler Johann Paul Mathieux kennen, heiratete ihn zwei Jahre später. Doch das »Amt der Ehe« wurde zum Martyrium. Nach nur sechs Monaten verließ sie ihren Mann. Was sich heute so alltäglich anhört, das war damals Stadtgespräch. In der Bonner Universitätsbibliothek findet sich ein Hinweis, warum sie weggezogen ist. Ein ärztliches Attest spricht von »Mißhandlungen vermittelst ausgesuchter Quälereyen, die sie von ihrem Mann fast ununterbrochen zu erdulden hatte. Derselbe hat nähere Tatsachen, wodurch die Gesundheit seiner Frau zerrüttet worden ist, in meiner Gegenwart eingestanden.« Doch noch jahrelang mußte sie auf ihre Scheidung warten.

Den Klatsch und Tratsch in Bonn ist sie leid, und sie flüchtet nach Frankfurt am Main. Dort lernt sie Felix Mendelssohn-Bartholdy kennen. Weiter geht es ins aufstrebende Berlin. Hier macht sie beim Kammermusikus Karl Böhm eine Ausbildung und läßt sich vom Virtuosen Wilhelm Taubert die letzten Feinheiten des Klavierspiels beibringen, zeitweise wohnt sie bei Bettina von Arnim. Johanna gibt sich auch ans Komponieren, eine komische Oper entsteht, »Die Landpartie«, Text und Musik Johanna (immer noch) Mathieux. »Eine Musik, die in Berlin sehr beliebt ist, die aber kein Berliner komponieren kann«, schreibt sie ziemlich hochmütig. Das Werk ist leider verschollen.

Johanna Kinkel in einer zeitgenössischen Zeichnung

Die Scheidung vom Quälgeist Mathieux zieht sich dahin. »Die Qual des endlosen Prozesses« und die »grausame Intoleranz Bonner Spießbürger« zermürben die junge Frau, sie trägt sich mit Selbstmordabsichten. Dann endlich, im Jahre 1839, ist sie frei von Mathieux.

In dieser Zeit lernt sie Gottfried Kinkel kennen. Der Pfarrerssohn aus Oberkassel, dort geboren am 11. August 1815, hat in Bonn und Berlin Theologie studiert und ist, als er die geschiedene Johanna kennenlernt, Privatdozent für Kirchengeschichte an der Bonner Universität. Sein eigentliches Interesse aber gilt der Literatur und der Politik. Gottfried Kinkel, evangelisch, und Johanna, geschieden und katholisch – wieder hat Bonn was zu tratschen. Sie ist selbständig, verdient ihren Lebensunterhalt als Klavierlehrerin, dirigiert gelegentlich bei den Hauskonzerten im Salon der Sibylle Mertens-Schaaffhausen. Er brauchte lange, bis er sich durchrang, seine Verlobung mit der Pfarrerstochter Sophie Boegehold aufzulösen und sich zu Johanna zu bekennen. »Er war insgesamt gesehen kein Mann schneller Entscheidungen«, heißt es in der Biographie Kinkels von Hermann Rösch-Sondermann. Kinkel selbst stilisiert es so: Eines Tages habe er Johanna aus den Fluten des Rheins errettet, daraufhin gestanden sie einander ihre Liebe.

Doch bevor die beiden heiraten konnten (am 22. Mai 1843), kriegten sie Ärger. Nachdem die Fakultät vergeblich versucht hatte, Gottfried Kinkel zu bewegen, von der geschiedenen Katholikin zu lassen, bekam er Berufsverbot als Religionslehrer an einer Bonner Mädchenschule. Er verdingte sich als Journalist, schrieb u.a. für die »Kölnische Zeitung«, die »Augsburger Allgemeine« und die »New Yorker Schnellpost«.

Am 29. Juni 1840 hatten Johanna und Gottfried Kinkel den »Maikäferbund« gegründet, dies sollte so eine Art literarischer Club sein, ähnliches gab es auch in Berlin und im Wuppertal. »Maikäferbund« hieß er deshalb, weil Johanna bei der Gründungsversammlung gedankenverloren einen Maikäfer auf ein grünes Stück Papier gemalt hatte. Der Maikäferbund bekam auch ein Zentralorgan namens »Maikäfer«, Untertitel: »Zeitschrift für Nichtphilister«. Das Blatt sollte »den neuesten Zeitströmungen gegenüber« aufgeschlossen sein.

Gottfried Kinkel dichtet: »Maikäfer sind kein unvernünftiges Vieh, / Nicht Ochsen die geistlos auf Vieren rennen, / Muckvögel nicht, die sich im Licht verbrennen / Nein, Meister des Genießens nenn' ich sie.«

Der Bund hatte zunächst nur vier Mitglieder: Johanna, damals noch Mathieux, Kinkel, den Gymnasiasten Andreas Simons und den Jurastudenten Sebastian Longard. An jedem Dienstagabend trafen sich die »Maikäfer«, um sich gegenseitig ihre Beiträge vorzulesen. Es war ein ständiges Kommen und Gehen, doch mehr als zwanzig Personen dürften in den sechs Jahren des »Maikäferbundes« nicht dazu gehört haben. Die bekanntesten »Maikäfer« waren der Freiheitsdichter Ferdinand Freiligrath, der Historiker Jacob Burckhardt, der Spätromantiker Emanuel Geibel; aber auch der Verfasser des Rheinliedes, Nicolaus Becker – »Sie sollen ihn nicht haben den freien deutschen Rhein« – und der Germanist Karl Simrock gehörten zum Kinkel-Club. Selbst Jacob Grimm findet sich im Vereins-Register, doch Spuren hat er als »Maikäfer« nicht hinterlassen.

Die Zeitschrift für Nicht-Philister wurde handgeschrieben und war nur für Mitglieder und Gäste bestimmt. Erst 1982 wurden einige Exemplare des »Maikäfer« gedruckt. Das Niveau war häufig das einer gehobenen Schülerzeitung. Doris und Arnold E. Maurer, Kenner der Bonner Literatur, urteilen in ihrem Standardwerk »Bonn erzählt«: »Höheren literarischen Ansprüchen können – neben einigen Kinkelschen Erzeugnissen – allenfalls die Beiträge Emanuel Geibels, später auch die Wilhelm Junkmanns und Karl Simrocks genügen.«

Die Obermaikäfer Johanna und Gottfried Kinkel, verehelicht seit 1843, leiden unter Geldnot. Denn die Maikäferei bringt nichts ein. Er arbeitet als Journalist und Kunsthistoriker, sie erteilt nach wie vor Klavierunterricht und muß die sich nach und nach einstellenden vier Kinder umsorgen. Sie bekennt, daß sie »die klebrichten, nassen, unästhetischen Tätigkeiten am Waschzuber haßte«, doch Geld für ein Hausmädchen hatten die Kinkels nicht.

Der Maikäferbund fing allmählich an, seine Gründer zu langweilen: »Es war ein Vorgefühl, daß das ästhetische Streben jetzt nichtig sei; daß eine große Zeit komme... Man war der Ruhe müde. Wir lösten den Verein auf, der zuletzt in ein gemütliches Plauderstündchen versandet war«, so erinnert sie sich. Nach sieben Jahrgängen und 325 Ausgaben flog der Maikäfer nicht mehr.

Kinkel hat schon vorher gedichtet: »Nun ist mir längst vorbei die Zeit romantisch zu phantasieren, und wo ich hinaus in die Welt nur seh', muß ich politisieren.«

Revolution ist angesagt im Deutschland des Jahres 1848. Seit dem 18. Mai tagt in der

Frankfurter Paulskirche die Deutsche Nationalversammlung, sieben Bonner Professoren sind dabei. Am 28. März 1848 wird die »Frankfurter Verfassung« verabschiedet. Dem preußischen König bietet man die deutsche Kaiserkrone an. Doch Friedrich Wilhelm IV mag nicht. Er erklärt, die Krone habe den »Ludergeruch der Revolution« und sei nichts weiter als ein »Reif aus Dreck und Lettern«.

Der rhetorisch begabte Kinkel zieht als Volksredner durch die Rheinlande, die Bonner Demokraten wählen ihn zum Abgeordneten in den Preußischen Landtag. Seine Frau übernimmt die Leitung der »Neuen Bonner Zeitung«, das ist ein radikal-demokratisches Blatt, das die Revolution bejubelt und gegen die reaktionären Preußen anschreibt. Folge: Alle Bonner Beamtenfrauen melden ihre Kinder vom Klavierunterricht bei dem »radicalen Weibsbild« ab. Sie ist beleidigt: »Diese Verschwörung kleinstädtischer Weiber zum Ruin des einzelnen hat etwas wahrhaft Mittelalterliches.«

Wie dünkelhaft das Bonner Bürgertum gewesen sein muß, geht aus einem Brief Johannas an ihre Freundin Emilie von Hennig hervor, datiert vom 18. Mai 1848: »Ich glaube, wir sind in Bonn die einzigen, die mit Gewerbe- und Handwerktreibenden als mit ebenbürtigen Leuten verkehren, keinen Unterschied in der Anrede (Herr, Frau, Fräulein etc.) und im Gruß auf der Straße machen... Man bildet sich ein, daß jeder, der nur mit Achtung und Vertrauen vom sogenannten Volk spricht, schon ein Anarchist sein müsse.«

Es kommt zu bewaffneten Aufständen im Rheinland und in Baden. Am 10. Mai 1849 versuchen 120 Revolutionäre unter der Führung von Gottfried Kinkel und seines Schülers Carl Schurz aus Liblar bei Köln das Zeughaus in Siegburg zu erobern. Vergeblich. Im Juni sind die beiden im Badischen bei den Aufständischen. Doch auch diese Revolte scheitert. Kinkel wird verhaftet, Carl Schurz kann fliehen. Lebenslängliche Festung lautet das Urteil

Kinkel kommt in Haft

Gottfried Kinkel schmachtet in der Festung Spandau

für Kinkel wegen der Teilnahme an den Aufständen in Baden, freigesprochen wird er für die Siegburger Attacke. Kinkel sitzt in der Festung Spandau. Doch Carl Schurz hat ihn nicht vergessen. In einem Handstreich, der damals Aufsehen erregte, befreit er Kinkel im November 1850 aus der Festung. Kinkel flieht nach England, das auch den Revolutionären Karl Marx und Friedrich Engels Asyl gewährt. Carl Schurz, der es nach seiner Flucht aus Deutschland in den USA zum Senator und Innenminister brachte, beschreibt in seinen Memoiren das Ehepaar Kinkel: »Frau Johanna war durchaus nicht schön. Ihre mittelgroße Figur war breit und platt; Hände und Füße, wenn auch nicht besonders groß, doch unzierlich geformt, die Gesichtsfarbe dunkel; die Züge grob und ohne weiblichen Reiz ..., aber aus stahlblauen Augen strahlte eine dunkle Glut, die auf Ungewöhnlichkeit deutete. In der Tat, der Eindruck des Unschönen verschwand sofort, wenn sie zu sprechen anfing. Auch dann schien sie zuerst noch von der Natur vernachlässigt zu sein, denn ihre Stimme hatte etwas Heiseres und Trockenes, aber was sie sagte, pflegte den Zuhörer sofort zu fesseln.«

Seinen Lehrer, Freund und Kampfgefährten beschreibt Schurz nahezu schwärmerisch: »Kinkel war ein auffallend schöner Mann von regelmäßigen Gesichtszügen und von herkulischem Körperbau, über sechs Fuß groß, strotzend vor Kraft. Unter seiner von schwarzem Haupthaar beschatteten breiten Stirn leuchteten ein Paar dunkler Augen hervor, deren Feuer selbst durch die Brille, die er damals durch seine Kurzsichtigkeit zu tragen gezwungen war, nicht gedämpft wurde. Mund und Kinn waren von einem schwarzen Vollbart umrahmt. Kinkel besaß eine wunderbare Stimme.«

Dieser schöne Mann kam auch in London an. In der liberalen Hauptstadt des britischen Empire versammeln sich um ihn viele Exil-Deutsche, die den vergangenen Heldentaten nachträumen. Johanna Kinkel folgt mit den Kindern ihrem Mann an die Themse, gibt dort Musikunterricht und schreibt den Roman »Hans Ibeles in London«. Sie schildert darin das Leben einer Flüchtlingsfamilie, prangert die Erziehung der Mädchen an, sie wehrt sich gegen die »Bestimmtheit des Weibes« und kritisiert den britischen Kolonialismus. Aber es ist auch eine Abrechnung mit ihrem Ehemann, der sich wie ein rechter Macho aufführt.

Den Kinkels geht es finanziell recht gut, er hält Vorlesungen über Kunst und Literatur, ihr Salon ist Treffpunkt der »Spießbürgerlichen Genossen des großen Schiffbruchs«, wie sie ironisch schreibt. Gern kommt eine schöne junge Adlige aus dem Baltikum, in die sich Gottfried verguckt.

Im November 1858 stürzt Johanna Kinkel aus dem Fenster ihres Schlafzimmers, ob Unfall oder Selbstmord, das ist nie geklärt worden. Gottfried Kinkel erhielt 1866 einen Ruf als Professor für Kunst- und Literaturgeschichte nach Zürich, er starb dort am 12. November 1882.

»Männer machen Geschichte«, sagt Treitschke. Johanna Kinkel wird im Großen Brockhaus nur als Anhängsel ihres Mannes Gottfried erwähnt. Bonn hat ihm zur Erinnerung einer Straße und einer Schule seinen Namen gegeben. Sie wird einer solchen Ehrung nicht für würdig befunden. Es wird Zeit, ihr Bonner Stadtväter und Stadtmütter!

Aennchen Schumacher und Gretchen Mundorf

Frau Wirtin gab es zweimal

Aennchen als sie 17 war

Häufig werden Godesberger von Touristen, vornehmlich von US- Amerikanern und von den im deutschen Liedgut besonders bewanderten Japanern, nach der »Lindenwirtin« gefragt. Groß ist die Enttäuschung – wenn auch nicht ganz so groß wie bei der »Loreley«, die sich als kahler Rheinfelsen entpuppt –, wenn die auf den Spuren der Lindenwirtin Wandelnden hören, daß Aennchen seit 1935 tot ist. Auch das Gasthaus »Zur Lindenwirtin Aennchen« wurde 1971 abgerissen. Altstadtsanierung nannte man den Kahlschlag von Stadtplanern, denen nicht viel mehr als Wegreißen eingefallen war.

Ännchen am Klavier

Wißt Ihr
wer die Wirtin war?
schwarz die Augen,
schwarz das Haar...
Ännchen wars
die Feine.
Wißt Ihr
wo die Linde stand?
Jedem Burschen
wohl bekannt,
zu Godesberg
am Rheine!

Ein paar Meter von der alten »Lindenwirtin« entfernt entstand ein neues Lokal mit dem Traditionsnamen, in dem noch einige Ausstellungsstücke an Aennchen Schumacher erinnern. Will ein Godesberger den fragenden Touristen nicht allzusehr enttäuschen, dann verschweigt er ihm lieber, daß das in allen fünf Erdteilen von Studenten immer noch gern gesungene Lied von der Lindenwirtin zunächst gar nicht auf das Godesberger Aennchen gemünzt war, sondern bereits 1878 von Rudolf Baumbach verfaßt und erst später durch Hinzufügung einer siebten Strophe der Godesbergerin zugeschrieben wurde. Um es noch komplizierter zu machen: Es gab der Lindenwirtinnen zwei, ihr Schicksal verwob sich ineinander. Ein Aennchen hieß Gretchen, das hatte was mit dem preußischen Thronfolger. Das Aennchen, das wirklich Aennchen hieß, wurde 1935 Ehrenbürgerin von Godesberg.

Aber der Reihe nach. Drei, vier, ein Lied: »Wißt ihr, wer die Wirtin war, schwarz die Augen, schwarz das Haar? Aennchen war's die Feine! Wißt ihr wo die Linde stand, allen Burschen wohlbekannt? Zu Godesberg am Rheine!«

Dieses Lied von der Lindenwirtin sangen, gröhlten, krakeelten Generationen von Studenten mit trockenen und nassen Kehlen. Generationen von alten Herren, die Narben der geschlagenen Mensuren im Gesicht, erinnerten sich bei diesem Lied an ihre alte Burschenherrlichkeit und an ein Aennchen, mochte es Clärchen oder Gretchen geheißen haben.

Aennchen Schumacher war bis zum Weltkrieg I *die* Studentenwirtin des Deutschen Reiches. Im zarten Alter von 18 übernahm sie von ihrem Vater das »Gasthaus zum Godesberg«. Gesegnet mit einer dichten dunklen Haarpracht und seelenvollen dunklen Augen, war sie nach dem Urteil vieler Zeitgenossen eigentlich »ein seltener Mensch«.

Der Godesberger Fabrikant August Lohmann, Stammgast bei der Lindenwirtin in deren Glanzzeit zwischen 1890 und 1900, beschreibt sie so, Jahre nachdem sie sich zurückgezogen hatte: »Sie war immer fröhlich, immer beherrscht, immer tätig, auch wenn sie nicht arbeitete, immer gütig. Sie hatte viele Gaben und Interessen, spielte gut Klavier, hatte eine schöne, geschulte Altstimme und leistete ihren Freunden in der mannigfachsten Weise Gesellschaft. Sie kegelte ausgezeichnet und sprang in unserer Kegelgesellschaft immer ein, so oft es nottat. Ebenso spielte sie gut Skat, und alles dies tat sie mit großer Selbstverständlichkeit, mit der sie auch ihrem großen Wirtschaftsbetrieb vorstand. Unvergeßlich die musikalischen Abende, an denen sie selbst spielte und sang, unvergeßlich die Sommerabende und Sonntagsfrühschoppen unter den blühenden Linden ihres schönen Gartens. Gar fröhlich ging es da zu, und man mochte sich gar nicht trennen.« Erstaunt stellte Fabrikant Lohmann fest: »Aber niemals ist in den zehn Jahren, die ich in Aennchens nächster Nachbarschaft verlebte, in meiner Gegenwart ein unsauberes Wort gefallen.«

Von 1878 bis zum Ende des Ersten Weltkrieges betrieb Aennchen Schumacher ihre Studentenwirtschaft in Bad Godesberg. Viele Erstsemester sah sie wieder als alte Herren, Bubigesichter kehrten zurück mit den Falten des Lebens. Aennchen, das bedeutete für etliche in Bonn ausgebildete Akademiker Erinnerung an die Universität, an vergangene Jugend. Aennchen war ein Mythos. Und an ihrem Mythos strickte sie selbst eifrig mit. Früh fing sie an, die vielen Studentenlieder, die in bier- und weinseliger Runde bei ihr geschmettert wurden, zu notieren. Um die Jahrhundertwende gab sie ein Aennchen-Buch mit überlieferten, aber auch spontan gedichteten Liedern heraus. Als Herausgeberin von Studentenliedern hielt sie sich auch über Wasser, als sie nach dem Weltkrieg I ihre Wirtschaft verkaufen mußte. »Mein Haus glich einer Kaserne«, empörte sie sich, weil Briten und Kanadier sich als Besatzer dort einquartiert hatten. »Unsere Gäste zogen sich zurück. Die Studenten mieden das Haus und suchten freie Betriebe. Es war mir unmöglich, noch länger auszuharren.«

Der Anfang vom Ende der Aennchen-Wirtschaft hatte aber schon 1914 mit Ausbruch des Krieges begonnen. Die Studenten legten ihre bunten Mützen ab und setzten feldgraue auf. Viele von den fröhlichen Zechern in Aennchens Wirtsstube sollten auf den Schlachtfeldern vor Langemarck und Verdun fallen.

Doch der »Kommersbuch«-Verlag mit den vielen Liedern, auf die niemand Copyright erhob, ernährte das schwarze Aennchen, das nie-

mals geheiratet hat, obwohl eine große Anzahl von Studenten sie angehimmelt hatte. Eine ihr angedichtete Affäre mit einem in Bonn studierenden Hohenzollern-Prinzen betraf, wie wir heute wissen, die andere Lindenwirtin, das Plittersdorfer Gretchen.

Im Alter begründete Aennchen Schumacher ihren Verzicht so: »Es war keine leichte Aufgabe, auf all das zu verzichten, worauf die Jugend Anspruch haben kann. Nur das ererbte Pflichtgefühl und ein eiserner Wille haben es mir möglich gemacht, den Betrieb im Sinne und Geiste meines Vaters weiterzuführen.«

Wie prominent Aennchen war, das zeigte sich an ihrem 75. Geburtstag am 22. Januar 1935. Aus allen Erdteilen trafen Glückwünsche ein, einige Karten waren nur adressiert an »Aennchen in Deutschland« – und kamen an. Sie war in sechs Korporationen »Alter Herr«, hatte von 36 Verbindungen deren Farbenschilder erhalten. Der frühere deutsche Kronprinz Wilhelm war zum Gratulieren gekommen. Über die Feier wurde berichtet im Deutschlandsender und in den Reichssendern

Köln, München, Frankfurt, Breslau und Hamburg. An diesem Tage ernannte Godesbergs Nazibürgermeister Alef das Aennchen zur Ehrenbürgerin, zwei Jahre nachdem Adolf Hitler diese Ehre widerfahren war. Ein letztes Mal in ihrem Leben setzte sich das Aennchen an diesem Tag ans Klavier und spielte ihr Lied, das Lied der Lindenwirtin mit der vor vielen Jahren eigens für sie gedichteten letzten Strophe: »Wißt ihr, wer die Wirtin war…«

Am 2. März 1935, nur wenige Wochen nach ihrem Geburtstag, starb Aennchen Schumacher. Beigesetzt wurde sie auf dem Godesberger Burgfriedhof. Die SA-Kapelle, die den Trauerzug begleitete, spielte diesmal nicht das Horst-Wessel-Lied. Sie spielte das Lied der Lindenwirtin.

Doch Aennchen war – um Adenauer zu zitieren – nicht einzig. Sie hatte eine Vorläuferin namens Gretchen Mundorf. Gretchens Vater, Henry Mundorf, war Besitzer des Lokals »Zur Linde«, heute »Hotel Schaumburger Hof«. Jener Henry hatte unter Napoleon gedient und war ein glühender Verehrer des Franzosen-Kaisers. Mit großem Stolz zeigte er die Tapferkeitsmedaille, die ihm sein Kaiser – angeblich – noch von der Verbannungsinsel St. Helena geschickt hatte. Henrys schönes Töchterlein, geboren am 23. Februar 1823, wurde schon als junges Mädchen ob seiner Anmut gerühmt und verehrt. Im Gasthof »Zur Linde«, direkt am Rheinufer gelegen, verkehrten die Dichter der 48er Revolution Ferdinand Freiligrath, Karl Simrock und Gottfried Kinkel, die sich im revolutionären »Maikäferbund« zusammengefunden hatten. Der Dichter Heinrich Heine schwärmte »Von den feurigen schwarzen Augen« des Gretchens von Plittersdorf. Der Schriftsteller Paul Heyse war ebenso entzückt. Er schrieb übers Gretchen von Plittersdorf: »Ob ihr Antlitz hübsch war oder nicht? Man sprach nie darüber, wie es sonst unter jungen Leuten zu allererst geschieht, wenn von Frauenzimmern die Rede ist. Gretchen war eben Gretchen, das Gretchen von Plittersdorf, ein Wesen für sich, bei welchem von dem alt-

Der Mundorf-Clan vor dem Lindenhof. Gretchen ist die mittlere Dame am Tisch

hergebrachten Pussieren keine Rede sein konnte, man verehrte sie als etwas ganz Apartes.«

Ein unbekannter junger Dichter himmelte Gretchen an: »Keine Schönheit, aber liebreizend, aus dem ovalen, nicht zu vollen Gesichte leuchteten klar zwei kastanienbraune Augen. Wer in den Augen zu lesen verstand, der versenkte sich in eine himmlische Tiefe.«

Ob nun Heinrich Heine richtig geguckt hat, der die Augen als schwarz beschreibt, oder der unbekannt gebliebene junge Poet, der sie als kastanienbraun ansah, läßt sich nicht mehr feststellen. Klar ist nur: Das Gretchen war eine Muse der jungen Genies, die in Bonn studierten und revolutionierten – und dabei ganz schön soffen.

Das Gasthaus »Zur Linde« war damals eine feine Adresse. Just unter dem Baum, der dem Gasthof den Namen gab, an einem zum Tisch umgestalteten Mühlstein, besiegelten die britische Königin Victoria und Prinz Albert von Coburg-Gotha ihren Bund für ein langes Leben. Dort becherten die Philosophen Friedrich Nietzsche und Arthur Schopenhauer. Gretchens Mutter versteckte in den weitläufigen Räumlichkeiten die Revolutionäre Carl Schurz – später Innenminister der USA – und Friedrich Hecker nach dem 48er Aufstand vor den Gendarmen. Doch das schöne Gretchen mit den kastanienbraunen oder schwarzen Augen verliebte sich nicht in einen Revolutionär oder Dichter, sondern in den Kronprinzen von Preußen, den späteren Kaiser Friedrich III. Der Hohenzollern-Prinz aber, der in Bonn studierte, ehelichte nicht das Gretchen, sondern aus Staatsräson eine Tochter der Königin Victoria von England, die sich ja im Wirtshaus Mundorf ihrem Prinzen Albert versprochen hatte.

Gretchen überwindet ihren Liebeskummer und verbandelt sich mit dem Vermessungsingenieur Konstantin Hölcher, dem Godesberg die prachtvolle Rheinallee verdankt. Mit dem Geodäten Hölcher gründet Gretchen 1860 das Hotel »Zum Adler«. Ihre Tochter Trautchen steigt ebenfalls ins Gastgewerbe ein und baut den »Godesberger Hof« auf, der nach dem Zweiten Weltkrieg ein beliebtes amerikanisches Touristenhotel wird. Heute beherbergt er die Dienststelle des Wehrbeauftragten des Deutschen Bundestages.

Gretchen Mundorf, die vielbesungene, oft umschwärmte schöne Plittersdorferin, verschied just in dem Jahre 1888, als auch ihre große Liebe, Kaiser Friedrich III nach nur 100 Tagen Regentschaft an Kehlkopfkrebs starb.

Aennchen, die zweite Lindenwirtin, ist, dank der modernen Kommunikationsmittel, bekannter als die erste Lindenwirtin Gretchen, die viele, die heute noch in jedem Literaturlexikon stehen, angehimmelt und bedichtet haben. Stolz sein kann Bad Godesberg auf beide Lindenwirtinnen. Wo sonst im deutschen Land gedenkt man der Wirtinnen so liebevoll über Jahrzehnte wie in Godesberg am Rheine?

Auf den Weinetiketten wirbt das Hotel Schaumburger Hof mit seinen prominenten Gästen

Berta Lungstras

Eine »Wickelburg« für die Kinder gefallener Mädchen

Gefallen bedeutete lange im deutschen Sprachgebrauch etwas höchst Ehrenwertes, wenn auch für den Betroffenen Endgültiges, war er denn ein Mann und Soldat und fiel für Kaiser und Vaterland, später für Führer, Volk und Vaterland. Doch war ein Mädchen gefallen, war das ein Ärgernis. Der Fall konnte ein Leben dauern. Der Fall bedeutete ein Kind, ein uneheliches. Gefallene Mädchen bekamen bis in unsere Tage die ganze Verachtung einer heuchlerischen Gesellschaft zu spüren, einer Gesellschaft, die gleichzeitig die Abtreibung unter strengste Strafen stellte.

Doch auch in Zeiten als es kein Erziehungsgeld, keine Hilfen für ledige Mütter gab, existierten Liebe und Lust. Und Frust – nach neun Monaten. Frauen mit Kind und ohne Mann wurden verachtet, verhöhnt, alleingelassen. Lange Zeit. Auch in Bonn, das sich ansonsten auf seine rheinische Liberalität so viel zugute hält.

Es war eine zeitlebens unverheiratete Pfarrerstochter namens Berta Lungstras, die als erste im Deutschen Reich ein Heim speziell zur Betreuung von alleinstehenden Frauen mit Kindern aufmachte, gegen den Widerstand der vielen feinen Leute. Diese tatkräftige Frau wurde in einem evangelischen Pfarrershaushalt in Wahlscheid im Aggertal am 21. Dezember 1836 geboren. Als der Vater starb, zog sie mit ihrer Mutter nach Bonn, 22 war sie da. Im mannbaren Alter also, doch sie heiratete nie – warum, wissen wir nicht. Ein Studium war zur damaligen Zeit unmöglich für ein junges Mädchen, mochte es auch noch so aufgeweckt sein.

Was blieb, wenn es keine finanziellen Mittel gab? Arbeit in fremder Leute Haushalt oder was Soziales. Berta Lungstras entschied sich für die Alten- und Armenbetreuung. 14 Jahre lang kümmerte sie sich für die Evangelische Gemeindediakonie um die Mühsamen und Beladenen.

Und immer wieder machte sie Erfahrungen mit dem Schicksal der »gefallenen Mädchen«, wie man damals sagte. Nach der Entbindung bekamen sie, wenn sie Glück hatten, ein paar Tücher und standen auf der Straße. Häufig waren es Hausmädchen, die dem Hausherren zu Willen gewesen waren. Doch die feinen Herren kümmerten sich so gut wie nie um die Kinder der Lust.

Im September 1873 mietete Berta Lungstras in der Bonner Maxstraße ein kleines Häuschen und zog dort mit zwei ledigen Frauen und vier Kindern ein. Man rümpfte die Nase über »so eine«. Wer sich mit gefallenen Mädchen abgibt, wurde getuschelt, ist wohl selber eins. Den Anwürfen, dem Klatsch, widerstand Berta Lungstras. Nicht ignorieren konnte sie die miesen hygienischen Verhältnisse. Im ersten Jahr an der Maxstraße starben zwölf von zwanzig Kindern, drei allein an der Cholera. Nun war dies angesichts der mangelhaften hygienischen Verhältnisse, die in Bonn vor etwas mehr als 100 Jahren herrschten, keine ungewöhnlich hohe Kindersterblichkeit. Aber Berta Lungstras nahm das Schicksal der ihr Anvertrauten nicht tatenlos hin.

An der Weberstraße 68, just in der Straße, in die ein Jahrhundert später Bundessozialminister Norbert Blüm einzog, mietete sie ein Zwölfzimmerhaus mit einem großen, hellen Garten. Sie hatte einen guten Draht zu den Bonner Ärzten und Hebammen, die den Kontakt zu den schwangeren Mädchen und der von den Bonnern bald so genannten »Wickelburg« herstellten. Allein schon der Spitzname für das Lungstras-Haus belegt, daß die Bonner ihre

Der 15. Jahresbericht des Versorgungshauses

15. Jahresbericht

über das

Versorgungs-Haus in Bonn.

15. Sept. 1888. Weberstraße 67–69.

Unserm barmherzigen Heiland zu Ehren und allen helfenden Freunden zur Ermutigung dürfen wir immer wieder aufs Neue berichten von viel Gnade und Segen, welche uns unser Gott in dem eben beendeten Jahre hat erleben lassen. In wunderbarer Treue hat Er über uns gewaltet und uns mit allem Nötigen so reichlich versorgt, daß wir stets ungehindert Alle aufnehmen konnten, denen wir Hülfe zu bieten vermochten.

Doch wer kann bei uns Hülfe finden? Für wen wurde unsre Anstalt errichtet? Diese Frag: nüssen wir einmal wieder an der Spitze unsers Berichtes beantworten, um Mißgriffen und Erörterungen vorzubeugen, die so viele kostbare Zeit unnötig in Anspruch nehmen.

Das Versorgungs-Haus in Bonn ist gegründet, um ordentlichen, der Versuchung zum Opfer gefallenen Mädchen ohne Unterschied der Confession vor und nach der Geburt ihres Kindes mit Rat und That zu einem Leben in Zucht und Sitte nach Gottes Gebot zu führen, während ihre Kinder bei uns so lange als nötig in Pflege bleiben. Solche Mädchen werden aufgenommen, welche zum ersten Mal gefallen sind und entweder keine nähern Verwandten haben, die ihnen helfen können, oder von ihrer Familie verstoßen rat- und haltlos umherirren, jedem, auch dem schlechtesten Einfluß preisgegeben. Wie ein Stein in den Abgrund rollt, so sinken diese Mädchen unaufhaltsam tiefer und mer tiefer in das Laster der Unzucht hinein, bietet sich ihnen im ersten Fall keine Hand zur Rettung. Für diese armen, urch die Beteuerungen einer erheuchelten Liebe oder ähnlichen Mitteln so leicht zu betörenden, unerfahrenen Mädchen ist unser

Das Versorgungshaus an der Weberstraße, Zuflucht für gefallene Mädchen

Vorurteile allmählich fallen ließen. Die Zahl der Gönner, der stillen Förderer wuchs ständig, zumal Berta Lungstras mit beredten Worten von ihren Schützlingen zu berichten wußte.

Im 15. Jahresbericht über das »Versorgungshaus« berichtet die Gründerin, aufgenommen würden nur Mädchen, die keine näheren Verwandten haben oder die von den Verwandten verstoßen werden und »rat- und haltlos umherirren, jedem, auch dem schlechtesten Einfluß preisgegeben«. Bedingung ist auch, heute weniger verständlich, daß nur »Erstgefallene« aufgenommen werden. Diese hätten die beste Chance, wieder Fuß zu fassen. Die Mädchen bleiben mit ihren Kindern im Lungstras-Haus, bis sie »zum ehrlichen Erwerb befähigt waren«, wie es heißt, und sie »in einen anständigen Dienst gegeben werden können«.

Mit Hilfe der energischen Berta schaffen es viele Mädchen, einige heiraten. Oft erscheinen die ehemaligen Schützlinge am Sonntag in der Weberstraße, um Berta Lungstras ihren Bräutigam vorzustellen. Einmal erschien eine gleich mit zwei Auserkorenen und bat die autoritäre Berta, sie möge ihr raten, wen sie denn nun nehmen solle.

Für Berta Lungstras war aber nicht nur wichtig, die Mädchen wieder ins Berufsleben einzugliedern oder sie anständig zu verheiraten. Ebenso wichtig war ihr, daß die jungen Mütter längere Zeit mit ihren Kindern behütet zusammenleben konnten. Damals war »Nestwärme« durchaus nicht selbstverständlich, gaben doch gerade die Begüterten ihre Kinder oft genug in die Obhut ihres Personals.

Das Unternehmen Lungstras florierte. Nach dem Haus Weberstraße 68 kamen die Häuser 67, 69, 110 und 112 hinzu. Im Haus an der

Poppelsdorfer Allee 27 errichtete die agile Wohltäterin die »Heimstätte«, ein christliches Hospiz. Bis zum Tode der Gründerin wurden in den Häusern für ledige Mütter 2 084 Frauen und mehr als 2 000 Kinder versorgt.

Das Versorgungshaus wird eine Institution in Bonn und Umgebung. Die Professoren der aufstrebenden Universität und die Offiziere der Garnison spenden reichlich und aus gutem Grund – schließlich sorgen ja die Studenten und jungen Leutnants für permanenten Nachschub im Heim für gefallene Mädchen. Ganz über Standesdünkel hinweg gewinnt Berta Lungstras in der Prinzessin Reuß, Ehefrau eines Kommandeurs des feudalen Bonner Husarenregiments Nr. 7, eine tatkräftige Freundin.

Berta Lungstras ging es nicht nur um christliche Wohltätigkeit im Rahmen der bestehenden, von ihr als ungerecht erachteten Gesetze. Sie warb auch für eine Bürgeraktion, in der die Erzeuger unehelicher Kinder verpflichtet werden sollten, für ihre Sprößlinge aufzukommen und einzustehen. 16 000 Bonner Bürger unterschrieben den Appell und schickten ihn 1891 an die Kaiserin und an den Reichstag nach Berlin. Doch das Parlament lehnte eine Debatte über das heikle Thema ab, »weil es sich nicht zur Verhandlung vor dem Plenum eignet«.

Neun Jahre später sind die Vorstellungen der Berta Lungstras Gesetz. Das Bürgerliche Gesetzbuch bestimmt endlich, daß Männer für die Kinder der Liebe – oder der Lust – aufzukommen haben.

Diese moderne Sozialarbeiterin zu Kaisers Zeiten ist mit dem Erreichten nie zufrieden. Sie hat erlebt, was der Suff bei Frauen anzurichten vermag, und nimmt nun auch alkoholkranke Frauen auf. 1887 gründet sie einen »Verein zur Hebung der Sittlichkeit«, zwölf Jahre später den Deutsch-Evangelischen Frauenbund, der sich um alleinstehende junge Mädchen kümmern soll. Berta Lungstras lebt ein Christentum der Tat, sie ist tiefgläubig und weltoffen. Auf die erste Seite ihres Hauptbuchs schreibt sie: »Ich hoffe aber darauf, daß Du so gnädig bist, mein Herz freut sich, daß Du so gerne hilfst.«

Drei Jahre vor ihrem Tod am 20. Juli 1904 wandelte sie ihr Versorgungshaus für gefallene Mädchen in eine Stiftung um, 1934 übernahm der Kaiserswerther Verband Deutscher Diakonissen-Mutterhäuser das Lungstras-Stift, gab das alte Backsteingebäude an der Diplomatenrennbahn zwischen Bonn und Bad Godesberg aber 1964 auf. An die auf dem alten Friedhof in Bonn beigesetzte Berta Lungstras erinnert nur noch eine Straße im Stadtteil Tannenbusch.

Robert Schumann

Der große Komponist starb im Irrenhaus in Endenich

Feierlich still wanderte das Gefolge, bis die Straße sich erweiterte und vom Markte her, von dem wir kamen, allmählich das Glockengeläute lauter wurde. Aber siehe da, da strömte aus den Gassen herbei, als gelte es, einen Fürstenzug zu sehen, das Volk, das hochsinnige, rheinische war erschienen, einen letzten Blick zu werfen auf den Sarg, der unter Blumen, Kränzen und Palmen die irdische Hülle des großen Mannes barg, dessen Namen wenige kannten, dessen Klänge und Sänge vielen ins Herz gedrungen waren, dessen furchtbares Schicksal alle Gemüter bewegt hatte. Die ganze Bevölkerung Bonns schien vollzählig versammelt zu sein, plötzlich, wie auf die Nachricht von einem großen Unglück, Brand oder Erdbeben.«

Den Bericht über die Beisetzung von Robert Schumann am 31. Juli 1856 gab der niederdeutsche Schriftsteller Klaus Groth. Schumann, der seine letzten beiden Jahre in einer Anstalt in Endenich verbracht hatte, war in tiefer geistiger Umnachtung gestorben. Er wurde auf dem Alten Friedhof in Bonn beigesetzt. Doch wo sein Grab genau liegt, das wußte man schon nicht mehr, als 1880 das Schumann-Denkmal errichtet wurde. Sicher ist nur, daß dort seine Witwe Clara, die ihn vier Jahrzehnte überlebte, ihre letzte Ruhestätte gefunden hat. Das Haus, in dem der »bedeutendste Lyriker der Musikgeschichte«, wie er genannt wird, am 29. Juli 1856 starb, befindet sich heute im Besitz der Stadt Bonn. Es beherbergt ein kleines Schumann-Museum, in dem häufig Konzertabende mit seinen Werken gegeben werden.

Pathetik auf Schumanns Grabmal. Die genaue Lage des Grabes kennt niemand

Zur Geburtsstadt Beethovens hatte der am 8. Juni 1810 in Zwickau geborene Schumann eine besonders intensive Beziehung. Und: Er mochte Bonn und die Bonner. Mag auch nach Meinung der Musikwissenschaft seine 3. Sinfonie Es-Dur, die »Rheinische«, als die schwächste gelten. Jedenfalls gibt sie sehr viel von der Rhein-Romantik des 19. Jahrhunderts wieder.

Aus einem Tagebucheintrag Clara Schumanns lesen wir, wie gut Bonn und der Rhein dem Komponisten taten. »Schon in Bonn, als wir aufs Schiff kamen, dort, wo es von lustigen Studenten wimmelte, der Himmel so freundlich aussah, der Rhein so schön grün, dabei lustige Musik, da wurde er heiter und blieb es.« Das schrieb Clara Schumann fünf Jahre vor dem Tod ihres Mannes. Damals zeigten sich bereits erste Anzeichen der tiefen Depression, derentwegen Schumann sein Amt als Musikdirektor in Düsseldorf aufgeben mußte und in die Heilanstalt des damals fortschrittlichen Irrenarztes Dr. Franz Richarz nach Endenich kam, in jenen Tagen noch vor den Toren Bonns gelegen.

Die Unterbringung in einer Irrenanstalt war notwenig geworden wegen eines Selbstmordversuchs im Rhein. An einem trüben Februarabend des Jahres 1854 saß der erfolgverwöhnte Komponist im Kreise seiner großen Familie in Düsseldorf, hielt den Kopf gesenkt, vermied jedes Gespräch. Plötzlich war er verschwunden. Er irrte durch die Gassen Düsseldorfs, stürzte sich in den Rhein. Doch ein Flußwärter und zwei wegen des Karnevals maskierte Männer zogen ihn triefend naß heraus.

Das war das Ende des Musikdirektors und Komponisten Schumann, wiewohl er noch zwei Jahre weiterlebte in Endenich. Jener Doktor Richarz hielt nichts von den damals üblichen Zwangsmaßnahmen wie Dauerfesselung in den Irrenhäusern, er wetterte gegen Mammutanstalten, wohin die Kranken meist abgeschoben wurden. Freilich war es auch damals etwas teurer, einen besonderen Geschmack in Gesundheitsangelegenheiten zu haben, und die Unterbringung in Endenich verschlang viel Geld, das Clara Schumann durch unermüdliche Einsätze am Klavier zusammenspielte.

Hin und wieder hatte Schumann in Bonn auch lichte Momente. Er ging viel spazieren, besuchte die naturwissenschaftlichen Sammlungen im Poppelsdorfer Schloß und den Alten Zoll. Immer wieder zog es ihn vor das elf Jahre zuvor errichtete Beethoven-Denkmal am Münsterplatz. Über dieses Erlebnis schwärmt er Clara vor: »Eben komme ich von Bonn zurück, immer Beethovens Statue besuchend und von ihr entzückt. Wie ich vor ihr stand, erklang die Orgel in der Münsterkirche.«

Clara Schumann war seine große Liebe. Eigentlich hatte Robert Schumann Jurist werden wollen, nahm zur Erbauung bei Claras Vater, Friedrich Wieck, in Leipzig Klavierunterricht. Schließlich wollte er Pianist werden, doch eine Fingerlähmung hinderte ihn daran, und er sattelte um auf Komponist und Musikschriftsteller. Groß war das Gezeter von Friedrich Wieck, als Schumann das Töchterchen Clara heiraten wollte, das schon mit 13 Jahren vielumjubelte Auftritte als Klaviervirtuosin hatte. Das Paar setzte sich durch, und Clara wurde die beste Interpretin ihres Mannes.

Er tat sich als geistiges Oberhaupt der »Davidsbündler« hervor, einer Vereinigung von teils nur ersonnenen, teils tatsächlich existierenden Komponisten, zu denen auch Felix Mendelssohn-Bartholdy gehörte. 1834 hatten die Davidsbündler die epochemachende »Neue Zeitschrift für Musik« gegründet, deren Chef Schumann bis 1844 blieb. Danach war er Kompositionslehrer am Leipziger Konservatorium, arbeitete in Dresden und war ab 1850 bis zum Ausbruch seiner Erkrankung in Düsseldorf Musikdirektor.

Zum Beethoven-Denkmal wanderte Schumann in den wenigen lichten Stunden seiner letzten Jahre

Zunächst komponierte Schumann ausschließlich fürs Klavier, doch nach seiner Heirat mit dem Wunderkind Clara vertonte er mehr und mehr Gedichte, am liebsten Lyrik von Eichendorff, Goethe und Heine. Allein im Jahr seiner Hochzeit mit der angebeteten Clara schrieb Robert Schumann in einer Art freudigen Schaffensrausch Noten zu mehr als 100 Gedichten.

Doch nicht nur die eigenen Werke Schumanns haben Musikgeschichte gemacht. Als Chef der »Neuen Zeitschrift für Musik« förderte er Mendelssohn-Bartholdy und Chopin, Johannes Brahms wurde von Schumann entdeckt und erstmals dem Publikum präsentiert.

Brahms war ihm darüberhinaus als Freund verbunden. Am 6. Juni 1856, Schumanns 46. Geburtstag, machte sich Brahms zusammen mit dem Mozart-Biographen Dietrich und dem Schriftsteller Klaus Groth auf den Weg nach Bonn zur Heilanstalt. Damals fühlte sich Schumann bereits verfolgt, wähnte, das Essen sei vergiftet, nahm nur noch Wein und Gelee zu sich. Die drei Freunde hatten ihm zum Geburtstag einen Stielerschen Atlas mitgebracht. Brahms berichtet, Schumann habe ihn erkannt, er habe sich sogar über das Geburtstagsgeschenk gefreut.

Wenige Wochen später starb der Mann, dessen Arbeiten zu den »Gipfelwerken des Jahrhunderts« gezählt werden. Clara Schumann vertraute ihrem Tagebuch an: »Dienstag, 29. Juli, sollte er befreit werden von seinem Leiden – nachmittags, 4 Uhr entschlief er sanft. Seine letzten Stunden waren ruhig, und so schlief er auch ganz unbemerkt ein, niemand war in dem Augenblick bei ihm. Ich sah ihn erst eine halbe Stunde später.«

In dieser Klinik des Arztes Dr. Richarz starb der Komponist

Im 19. Jahrhundert waren selbst große Urheber oft arme Schlucker, kreatives Tun war nicht gesetzlich geschützt, eine gebühreneintreibende Gema, ein Urheberschutzrecht existierten nicht. Um ihre sieben Kinder durchzubringen, mußte Clara Schumann zu immer neuen Konzert-Tourneen aufbrechen und einen Lehrauftrag am Hochschen Konservatorium in Frankfurt annehmen. Mit Brahms blieb sie freundschaftlich eng verbunden, wurde eine der besten Interpretinnen seiner Werke. Um das Bildnis Schumanns finanzieren zu können, gaben die Witwe und der Freund Brahms vom 17. bis 19. August 1873 mehrere Konzerte in Bonn.

Geheiratet hat Clara Schumann in den 40 Jahren, die sie ihre große Liebe überleben sollte, nicht mehr. Noch im Alter schrieb sie Freunden: »Seine letzte Umarmung kann ich nie vergessen.«

Hans Adam Dorten

Am Rhein wollte er Staat machen

Es ist eine turbulente Nacht. Der 24. Oktober 1923 ist gerade eine Stunde alt, als rheinische Separatisten zum Sturm auf das Bonner Rathaus antreten. Ihr Ziel ist es, einen freien, von Preußen losgelösten eigenen Rheinstaat zu gründen. Ihr Führer heißt Hans Adam Dorten, ein bönnscher Junge, geboren am 10. Februar 1880 in Endenich. Doch der Angriff der Separatisten scheitert. Er scheitert nicht im Geschoßhagel, sondern am Druck der Feuerwehrschläuche, mit deren Wasserstrahlen Rathaus-Beamte und Polizisten die Separatisten gewaltig naß machen und in die Flucht treiben.

Kurze Zeit nach der unfreiwilligen Taufe kehren die Separatisten zurück mit freundlicher Protektion der französischen Besatzungsmacht, die einen rheinischen Pufferstaat zwischen Frankreich und Deutschland nur allzu gern hätte. Zwei Tage lang weht die Flagge des »Rheinischen Unabhängigkeitsbundes« über dem Rathaus, dann werden die Separatisten vertrieben. In der »Separatistenschlacht am Siebengebirge«, wie das Geplänkel etwas hochtrabend genannt wird, müssen die Anhänger Dortens gewaltige Prügel einstecken, sie werden in alle Winde zerstreut. Der Traum vom eigenen rheinischen Staat ist vorbei. Der Chefideologe und Vorträumer des freien Rheinland geht ins Exil – nach Nizza.

Als Hans Adam Dorten 1880 in Endenich geboren wurde, war dies noch eine selbständige Gemeinde, erst 1904 kam sie zu Bonn. Dorten besuchte die Volksschule, das Gymnasium in Bonn, studierte in Heidelberg, München und promovierte in Leipzig zum Doktor der Rechtswissenschaften. Um sein Englisch aufzubessern, ging er für einige Zeit nach Großbritannien. Er war kein engstirniger Provinzmuffel, sondern ein weltläufiger Mann, reiste oft nach Frankreich und in die USA. Wie es sich damals geziemte für einen angehenden Staatsdiener, wollte er auch Karriere als Reserveoffizier machen, meldete sich freiwillig beim Koblenzer Artillerieregiment 23. Am 11. August 1902 wurde er als Beamter auf den König von Preußen vereidigt. Er war tätig beim Amtsgericht, später bei der Staatsanwaltschaft in Düsseldorf, kurz vor dem Ersten Weltkrieg wurde er als Staatsanwalt zum Landgericht III in Berlin Moabit versetzt. Doch dort ist er nie erschienen. Denn am 3. August 1914 erhielt er seinen Einberufungsbescheid als Flaggoffizier. Er muß ein tapferer Soldat gewesen sein, bekam das Eiserne Kreuz I. und II. Klasse, wurde bis zum Reserve-Hauptmann befördert und war zuletzt beim Generalkommando 54.

Dann kam die Kapitulation, der Versuch einer Revolution. Dorten war angewidert von dem »revolutionären Gesindel«. Und er beschloß, Politiker zu werden. Genau wie ein anderer Kriegsheimkehrer. Doch während Adolf Hitler eine deutsche Tragödie inszenierte, reichte es bei Dorten nur zur Tragikomödie.

Dorten zog nach Wiesbaden, machte dort Bekanntschaft mit dem Oberdelegierten der französischen Besatzungsmacht, Marquis de Lillers. Der schildert Dorten in einem Dossier für die französische Regierung so: »Eine schlanke elegante Erscheinung. Energie ist einer der hervorstechendsten Züge seines Charakters. Er hat den wählerischen Geschmack eines reichen Amateurs, ist ein leidenschaftlicher Musikfreund. Alle diese Züge deuten auf eine etwas komplizierte Natur hin; in der Tat, dieser Willensmensch ist zugleich nervös, erregbar, impulsiv. Sein erregtes Temperament macht ihn fähig zu Hinneigungen, die an Leidenschaften grenzen, aber auch zu Gefühlen der Abneigung, die an Haß grenzen.« Der Fran-

Nach den bis zur Stunde (1 Uhr, 23. Oktober 1923) vorliegenden Telegrammen wurde die

Rheinische Republik

proklamiert in:

Belgische Zone:

Aachen, Erkelenz, Eschweiler, München-Gladbach, Montjoie, Stolberg, Rheydt, Viersen.

Französische Zone:

Bad Ems, Berncastel, Bitburg, Bonn, Daun, Dietz, Düren, Groß-Gerau

Mainz (Lage noch nicht völlig abgeklärt), Mayen, Prüm, Rüsselsheim, Saarburg, Schwanheim, Sindlingen, Trier, Wiesbaden,

zose, der Dorten schätzt und überschätzt, schreibt weiter: »Stolz und sehr selbstherrlich duldet er es nicht nur nicht, daß man ihm Widerstand leistet, sondern er bricht unbarmherzig mit seinen eigenen Parteigängern, wenn sie die geringste Neigung zur Unabhängigkeit an den Tag treten lassen. Er ist nicht charakterlos, aber er ist von Grund ein Egoist.«

Sein selbstherrliches Auftreten erklären Freunde Dortens mit seiner unermeßlichen Eitelkeit, geschürt durch den Ehrgeiz einer schwerreichen Witwe, die er kennengelernt und gleich geheiratet hat. Sie verschaffte ihm die finanzielle Unabhängigkeit für seine Revolution, ach – sein Revolutiönchen.

Der Hauptmann außer Diensten war empört von den Ereignissen nach Kriegsende, vom Bolschewismus, von Arbeiter- und Soldatenräten, aufgebracht über die »Novemberverbrecher«. Zunächst warb er rheinlandauf, rheinlandab für eine Trennung des Rheinlandes vom verhaßten Preußen, das ja erst ein Jahrhundert seit dem Wiener Kongreß über die Rheinprovinz herrschte und dessen Beamten und Soldaten von den Bönnschen und Kölschen niemals geliebt, sondern im Karneval oft genug verspottet wurden.

Nur die zentralstaatlich denkenden Kommunisten und Sozialdemokraten waren gegen einen von Preußen unabhängigen, aber zum Deutschen Reich gehörenden eigenen rheinischen Staat. Selbst der Kölner Oberbürgermeister Konrad Adenauer liebäugelte mit dieser Idee, das »weg von Preußen«. Am 1. Februar 1919 versammelte der Zentrums-Politiker Adenauer in Köln alle rheinischen Politiker, die in die Weimarer Nationalversammlung gewählt worden waren, um mit ihnen über eine rheinische Republik zu reden. Die Strategie, die dahinter steckte: Die Abtrennung des Rheinlandes von Preußen sollte die Übermacht »der Berliner« beenden und dabei den Bedürfnissen der Franzosen entgegenkommen, die sich von diesem Pufferstaat größere Sicherheit versprachen. Da es damals noch keinen Friedensvertrag gab, sah Adenauer in einer rheinischen Republik die Chance, daß die links-rheinischen Gebiete beim Reich bleiben könnten und nicht vom Sieger Frankreich annektiert würden. Der Kölner Oberbürgermeister kam gar nicht klar mit Dorten, der viel weitergehende Ziele hatte. Er sei »sehr unüberlegt«, urteilte Adenauer, später nannte er Dorten einen »notorischen Schwindler und Phantasten«.

Dorten setzte auf den französischen General Louis Mangin, Oberbefehlshaber der 11. französischen Armee, der residierte in Mainz und wollte mit einer zunächst sehr nachsichtigen Besatzungspolitik »die Herzen der Rheinländer für Frankreich« gewinnen. Die Idee einer eigenen rheinischen Republik im Deutschen Reich fand tatsächlich viele Sympathisanten. Dorten galt als Befreier von Berliner Vorherrschaft, ein Hoffnungsträger für eine Aussöhnung mit Frankreich – die Jahrzehnte später und nach einem weiteren total verlorenen Krieg Konrad Adenauer verwirklichte.

Fünf Monate nach dem Treffen der rheinischen Nationalversammlungs-Abgeordneten in Köln rief Dorten in Wiesbaden die Rheinische Republik aus, stellte gar eine Regierung vor. Das war Hochverrat. Denn die Weimarer Nationalversammlung war entschieden gegen eine Änderung der Reichs-Struktur. Während die Franzosen die Rheinische Republik tolerierten, verboten Amerikaner, Engländer und Belgier in ihren Besatzungszonen die Ausrufung der Republik à la Dorten. Das große Wort vom Selbstbestimmungsrecht der Völker, das US-Präsident Wilson im Munde führte, wollte Dorten auch den Rheinländern verschaffen, doch gerade Amerikaner und Briten waren strikt gegen ein unabhängiges Rheinland.

Das Reichsgericht in Leipzig erhob Anklage gegen Dorten wegen Hochverrats. Hessische Kriminalbeamte entführten ihn ins unbesetzte Frankfurt. Aber die Franzosen retteten ihn vor einem Verfahren, die Reichsregierung mußte sich gar entschuldigen wegen des »illegalen Vorgehens einiger Reichsbeamter«.

Doch nun hielten die französischen Gönner Dorten an der kurzen Leine. Er nahm Kontakt auf zu den Radikal-Separatisten Smeets und Matthes, die im Rheinland zwei Banden gebildet hatten und weniger durch politische Ideen als durch Plünderungen auffielen. Im Frühjahr 1923 schien für Dorten die Zeit reif, um in Koblenz vor Tausenden von Menschen »endlich die rheinische Freiheit« zu proklamieren, raus aus dem Deutschen Reich. Im Poppelsdorfer Gasthaus »Deutsches Haus« trafen sich in Bonn 2 000 Menschen bei einer Versammlung der Partei »Freies Rheinland«. Der eigentliche Putsch der Separatisten beginnt am 21. Oktober 1923 in Aachen, knapp drei Wochen bevor Adolf Hitler in München den Marsch zur Feldherrnhalle unternimmt. In fast allen Städten des Rheinlandes, so auch in Bonn, herrscht offener Aufruhr. Im Koblenzer Schloß tritt die Regierung Dorten/Matthes zusammen, bildet eine Rheinarmee – auf dem Papier. Gefordert wird eigene Finanzhoheit, eine eigene Währung. 2 000 Polizisten verlangt er von den Franzosen. Überall hängen Appelle, Proklamationen. Die Franzosen und Belgier tun nichts – nichts für und nichts gegen die Separatisten. Dann, in der Nacht vom 23. auf den 24. Oktober der Versuch, das Bonner Rathaus zu besetzen, die Schlacht am Aegidienberg, das Ende.

Der französische Bevollmächtigte teilte dem rheinischen Möchtegern-Staatsgründer am 22. Dezember 1923 mit, er solle sofort aufhören mit dem Separatismus. Engländer und Amerikaner hatten Druck auf die Mitsieger ausgeübt. Hinzu kam, daß die Bonner Beigeordneten Eduard Spoelgen und Otto Meyer in Paris der französischen Rheinlandkommission klargemacht hatten, die Ablehnung der Rheinländer gegen Preußen sei nicht so stark, daß man sich vom Reich lossagen wolle. Die brutale Besetzung des Ruhrgebiets durch die Franzosen zu Beginn des Jahres 1923 hatte die Sympathie für diese Besatzer nicht gerade gesteigert im ausgebluteten Deutschen Reich.

Die Franzosen drohten ihrem Schützling Dorten unverhohlen mit »dem Einsatz der bewaffneten Macht«, wenn er nicht aufgeben würde. Er resignierte, fürchtete die Hinrichtung. Dorten klagte: »Was hilft alles jammern, wir müssen sterben.« Da hatte er noch 40 Jahre zu leben.

In der Silvesternacht 1923/4 bestieg der Separatist Dorten den Schnellzug nach Nizza. Die Rheinländer hatten ihn zuletzt als »Kanaille« und »Verräter« oder »Französling« beschimpft. Der Französling wurde Franzose. 75 000 Francs, damals sehr viel Geld, gab ihm die französische Regierung, damit er keine Memoiren schreibe. 1930 stellte das Reichsgericht das Hochverratsverfahren gegen Dorten ein.

Der Gründer der kurzlebigen rheinischen Republik, dieser unglückliche Politiker Hans Adam Dorten, fand privat ein spätes Glück. In zweiter Ehe heiratete er Mademoiselle Souvan, die Tochter des Bürgermeisters von Nizza. An der Sonne der Côte d'Azur durfte er sich bis ins hohe Alter erwärmen. Er starb Ende April 1963 im Alter von 83 Jahren in Nizza.

Die Bonner hatten Dorten sehr schnell vergessen, verdrängt, denn so manche Bönnschen wollten ihre Sympathien für den Separatismus der 20er Jahre und die Separatisten nicht mehr wahr haben. Doch eines ist von der kurzzeitigen rheinischen Republik des Hans Adam Dorten erhalten geblieben: die grün-weiß-rote Flagge, die einst zwei Tage über dem Bonner Rathaus wehte. Grün-weiß-rot sind heute die Farben des Landes Nordrhein-Westfalen.

Ludwig van Beethoven

Als Wunderkind um zwei Jahre verjüngt

Kaum ein Bonn-Tourist kommt an der Besichtigung des Beethovenhauses vorbei. Tausende von Fuji- und Kodak-Filmen der Beethoven-besessenen Japaner dürften hier schon belichtet worden sein. Erstaunt sind die Bonn-Touristen, wenn sie das winzige Zimmer mit den schiefen Dielen, den zum Teil schrägen Wänden besichtigen, in denen der wohl bekannteste Bonner, Ludwig van Beethoven, am 16. oder 17. Dezember 1770 geboren wurde, das genaue Datum steht nicht fest. Der Taufeintrag im Kirchenbuch von St. Remigius datiert vom 17.

Das meistbesuchte Haus in Bonn ist das Beethoven-Haus

Es war das Bonn der Kurfürsten, der kunstsinnige Clemens August ist gerade neun Jahre tot. Er und seine Hofkapelle waren es, die den Großvater des großen Ludwig 1733 aus dem flämischen Ort Mecheln an die kleine Residenzstadt am Rhein gelockt hatten. Der junge Mann aus Flandern mit dem Namen Lodewijk war ein hervorragender Geiger. Er heiratete ein bönnsches Mädchen. Auch ein fürstlicher Geiger wurde nicht gerade fürstlich besoldet, und so eröffneten der Mann aus Flamen und seine Frau eine Weinhandlung. Beste Kundin wurde die Großmutter des großen Ludwig, um es gut deutsch auszudrücken: sie soff. Als Alkoholikerin starb sie in einem Kölner Siechenhaus.

Ludwigs Vater Johann hatte von seinem Vater die Musikalität ererbt, fatalerweise von seiner Mutter den Hang zum Alkohol. Mit zwölf trat Johann van Beethoven ins Hoforchester als Geiger ein, doch der Alkohol setzte ihm schon in frühen Jahren so zu, daß er nicht mehr präzis genug geigen konnte. So kam er als Sänger unter. Er hatte sein Talent versoffen.

Vater und Großvater des großen Ludwig bekamen Krach wegen einer Frau. Sie hieß Maria Magdalena, war Tochter eines Kochs, Witwe eines Hofpagen. Johann wollte sie heiraten, doch der Schwiegervater in spe zeterte, die Frau habe es auf sein – wohl nur sehr bescheidenes – Vermögen abgesehen. Johann van Beethoven setzte sich durch und heiratete seine Maria Magdalena. Sie wurde die wichtigste Person im Leben des Ludwig van Beethoven, er liebte und verehrte sie, kam lange nicht über ihren frühen Tod hinweg.

Auch in der kleinen Residenzstadt am Rhein hatte sich die Geschichte vom Wunderkind Mozart herumgesprochen. So wie heute Eltern ihren Söhnen Boris Becker und ihren Töchtern Steffi Graf als Vorbild hinstellen und sie zum Tennisspielen animieren, wenn sich nur ein Hauch Talents zeigt, so dachte damals wohl auch der Hofmusikus Johann van Beethoven. Und er hatte einen Filius, der nicht nur einen Funken, sondern eine ganze Feuersbrunst Talent hatte.

Ein Wunderkind in der Familie dient ja nicht nur der väterlichen Reputation, sondern hilft der Familienkasse. In der Haushaltskasse der Beethovens war wegen der väterlichen Alkoholexzesse oft genug Ebbe. Schon als kleines Kind, angeleitet vom Papa, durfte der junge Ludwig im Alter von acht Jahren in Bonn sein erstes Konzert geben. Je jünger ein Wunderkind, desto größer das Wunder, mochte sich der Vater gedacht haben und behauptete frech, sein Sohn sei erst sechs. Lange Zeit wußte Ludwig selbst nicht genau, wie alt er eigentlich war.

1783, als er laut Taufregister 13 Lenze zählte, widmete das Bonner Wunderkind dem Kurfürsten Maximilian Friedrich drei Sonaten mit der Anmerkung: »Ich habe nun schon mein elftes

Jahr erreicht; und seitdem flüsterte mir oft meine Muse in den Stunden der Weihe zu: Versuch's und schreib einmal deiner Seele Harmonien nieder...«

Ludwig war – die Musik ausgenommen – in keinem Fach ein guter Schüler. Und niedlich anzusehen war er auch nicht gerade: Ein großer Kopf, eine dicke, runde Nase, schwarze Haare, dunkler, südländischer Teint. Seine Mitschüler in der Volksschule, die er nur bis zum elften Lebensjahr besuchte, gaben ihm den Spitznamen: »Der Spanier«. Er war häufig allein, versponnen, konnte stundenlang aus einem Fenster seines Elternhauses mit dem Fernrohr ins Land gucken. »Bis zwanzig Meilen konnte ich sehen«, schwindelte er.

Viel Zeit fürs Spielen hatte er nicht. Die Musik forderte das ganze Kind. Neben dem Unterricht durch den Vater erhielt er Stunden bei dem Sänger und Schauspieler Tobias Pfeiffer, später beim Organisten Aegidius van den Eeden. Als Ludwig zwölf war, kam er zu seinem Hauptlehrmeister, der ihn nicht nur als Musiker förderte, sondern als freien Menschen. Es war der Aufklärer Christian Gottlob Neefe, Musiker, Schriftsteller und einer der Mitbegründer der »Bonner Lesegesellschaft«. Die Mitglieder der 1787 gegründeten »Lese« warfen ihr Geld zusammen, um gemeinsam die damals sündhaft teuren Bücher zu erwerben, zu lesen, darüber zu diskutieren. Ihre Satzung war demokratisch, also nach damaligem Verständnis revolutionär: »Rang kömmt gar nicht in Anschlag«.

Dank Neefe erfährt Ludwig eine umfassende Bildung, wird bekannt gemacht mit den Denkströmungen der damaligen Zeit. Nicht an der Bonner Universität, die zu einem Hort der Aufklärung wurde, sondern hauptsächlich durch Neefes Anleitung erwarb Beethoven ein gründliches, wenn auch ziemlich unsystematisches Wissen. Schon in seiner Bonner Zeit entstand die Bewunderung für Schillers Werk, die erst nach drei Jahrzehnten in der Neunten Symphonie mit dem Schlußchor des Schillerschen »Freude schöner Götterfunken« Ausdruck fand. Als Beethoven 13 war, wurde in Bonn Schillers »Verschwörung des Fiesko in Genua« aufgeführt, manche Literaturwissenschaftler halten dies für die Uraufführung.

Das Bonner Wunderkind Ludwig findet, gefördert durch Neefe, einen reichen und einflußreichen Gönner, den Freund des Kurfürsten und Musikfan Graf von Waldstein. Der hatte sich in den Kopf gesetzt, der zwölfjährige Organist und Bratschist des Bonner Hoforchesters müsse unbedingt Mozart kennenlernen. Im Frühjahr 1787 reist Beethoven nach Wien. Was er vor den Augen des damals schon ziemlich depressiven Mozart improvisiert, begeistert diesen. Mozart soll gesagt haben: »Auf den gebt acht! Der wird einmal in der Welt von sich reden machen...«

Umgekehrt hielt sich die Begeisterung Beethovens für den großen Mozart in Grenzen. Es blieb bei der einmaligen Begegnung. Beethoven muß nach drei Monaten Aufenthalt an der Donau zurück nach Bonn, seine Mutter liegt im Sterben, Schwindsucht. Zehn Tage dauert die Reise. Doch noch rechtzeitig vor dem Tod der Mutter trifft er ein. Wie nahe ihm das Ableben der vertrautesten Person gegangen ist, schildert er in einem Brief an einen Freund: »Sie war mir eine so gute, liebenswürdige Mutter, meine beste Freundin.«

In den Jahren 1788 und 1789 ist er – aus Trauer – wenig produktiv. Er lehnt es ab, ein Mode-Musiker zu sein, kann verletzend werden gegenüber Verehrern, von denen er annimmt, sie hörten seine Musik nur, weil sie es für chic hielten. In dieser Zeit gibt er Klavierunterricht. Auch den Kindern der Witwe Helene von Breuning, Lorenz und Eleonore. Ludwig verehrt die reife, aber wohl immer noch schöne Witwe und verliebt sich in Töchterlein Eleonore, nennt sie zärtlich Lorchen. Es ist eine glückliche Beziehung, aber unglückliche Liebe. Denn Lorchen heiratet den Studenten Franz Wegeler. Immerhin wird Ludwig gern gesehener Gast im Hause Breuning, übernachtet hier häufig, auch um dem Chaos im Vaterhaus zu entgehen, wo der Alkohol regiert.

In der Godesberger Redoute durfte das junge Genie dem berühmten Meister Joseph Haydn vorspielen

In dieser Zeit begann Ludwig an der Bonner Universität zu studieren, begeisterte sich für die Ideen der Französischen Revolution, engagierte sich jedoch nicht.

1790 machte Joseph Haydn auf dem Weg von Wien nach London in Bonn Station. Am Weihnachtsabend durfte der junge Bonner dem weltberühmten Komponisten und Kapellmeister im kurfürstlichen Ballsaal, der Godesberger Redoute, vorspielen. Haydn war begeistert, entschied: Beethoven muß nach Wien.

Doch das ärgerte den Kurfürsten Maximilian Franz, wiewohl es ihm auch schmeichelte, unter seinen Untertanen ein Genie zu wissen. Zunächst mochte er das Genie nicht ziehen lassen. Erst die Überzeugungskraft des Grafen Waldstein half. Vor der Abreise in die damalige Weltmusikhauptstadt Wien schrieb der Graf: »Durch ununterbrochenen Fleiß erhalten: Mozarts Geist aus Haydns Händen.«

Lorchen hatte dem Hausfreund einen Blumenstrauß in den Rheinwiesen gepflückt und ihm versprochen, ihm eine Weste zu häkeln und ihm nachzuschicken. Am 2. oder 3. November 1792 verließ Ludwig van Beethoven seine Heimatstadt mit der Postkutsche – auf Nimmerwiedersehen.

Es war eine Reise mit Hindernissen. Truppen der französischen Revolutionsarmee waren ins Rheinland eingerückt, preußische Truppen marschierten auf, um sie zurückzuschlagen. Beethoven berichtete: »Ich mußte alle Überredungskunst aufwenden, um den Kutscher zur Weiterfahrt zu bewegen.«

Am 10. November 1792 ist er endlich in Wien, bekommt eine Wohnung im Palast des Fürsten Karl von Lichnowsky. Doch Maestro Haydn, bei dem sich Beethoven gleich am Tag nach der Ankunft meldet, hat den Bonner Jüngling längst vergessen. Erst ein Empfehlungsschreiben des Fürsten Lichnowsky erinnert ihn an die Begegnung in der Redoute, und der Maestro läßt sich herab, dem jungen Mann Stunden zu geben. Ein herzliches Verhältnis zueinander bekamen Haydn und Beethoven nie. Beethoven muckt auf gegen die nach seiner Ansicht veralteten Lehrmethoden Haydns und ist gekränkt, als der Maestro nur 40 von 200 ihm vorgelegten Übungen durchsieht.

1794 bricht Haydn erneut nach Großbritannien auf. Seinem Schüler schreibt er vorher eine Charakterisierung, die von der Musikgeschichte übernommen wird: »Meiner Meinung nach wird immer etwas – um nicht zu sagen Verschrobenes – doch Ungewöhnliches in Ihren Werken sein... Dunkles, weil Sie selbst ein wenig finster und sonderbar sind...«

Obwohl Beethoven Bonn nicht vergessen hat, oft in Gedanken an die kleine Stadt am Rhein zurückschweift, kehrt er nie zurück. Als ihn 1812 Gartenarchitekt Peter Joseph Lenne besucht, freut sich Beethoven: »Dich versteh' ich, Du sprichst Bönnsch«. In einem Brief an Franz Gerhard Wegeler gesteht er: »... ergreift mich die Erinnerung, und nicht ohne viele Tränen erhälst Du diesen Brief.«

Als Bonn vom 10. bis 13. August 1845 das erste Beethovenfest zelebriert, ist der düstere Maestro 18 Jahre tot. Ab 1835 sammelten die Bonner für ein Beethoven-Monument, doch sie waren so geizig, daß die Summe hinten und vorn nicht langte. Der Komponist Franz Liszt empörte sich über den »Schimpf, den man Beethovens Gedächtnis zufügt« und spendete den großen, fehlenden Rest. Der Dresdner Bildhauer Ernst Hähnel wurde Sieger eines Wettbewerbs. Zur feierlichen Denkmal-Enthüllung kamen Königin Victoria von England und der Preußen-König Friedrich Wilhelm IV nach Bonn. Als dann das Denkmal auf dem Münsterplatz feierlich enthüllt wurde und die Majestäten auf dem Balkon des Fürstenbergschen Hauses – heute ist hier die Post – das Denkmal sahen, entfuhr dem preußischen König der Satz: »Ei, ei, er kehrt uns ja den Rükken.« Der Naturforscher Alexander von Humboldt erwiderte: »Ja, er ist auch schon in seinem Leben immer ein grober Kerl gewesen.«

Heinrich Alef

Ein rheinischer Überlebens-künstler

Ein großer Tag für Alef: Er überreicht Adolf Hitler die Godesberger Ehrenbürger-Urkunde

Der 6. März 1945. Die Amerikaner stehen kurz vor Bonn. Der Bürgermeister des damals noch selbständigen Bad Godesberg, der Alt-Nazi Heinrich Alef, befiehlt seine Bürgervorsteher zu sich. Während das Grollen der Front zu hören ist, erklärt der Mann in der braunen Uniform, er gedenke im Laufe des Tages Bad Godesberg zu verlassen. »Die Städte Bonn und Bad Godesberg werden bis auf den letzten Mann verteidigt«, so notiert der stellvertretende Bürgermeister Heinrich Dietz die Worte Alefs. Sein Verbleiben in Bad Godesberg aber sei »wegen seiner Führereigenschaft in der NSDAP und seiner exponierten Stellung nicht möglich.«

Dietz weiter über das, was sein Chef mitzuteilen hat: »Wenn er jetzt gezwungen sei, sich abzusetzen, so sei dies nicht Feigheit, sondern Selbsterhaltungstrieb. Er hoffe, in einigen Wochen bei günstiger Kriegslage nach Godesberg zurückkehren und seinen Dienst wieder aufnehmen zu können. Der Führer habe entsprechende Erklärungen gemacht und Zusicherungen gegeben, woran er glaube.«

Bürgermeister Alef übergab seine Dienstgeschäfte an Dietz, einen Verwaltungsfachmann, und folgte seiner Familie über den Rhein. Seine Familie in Sicherheit zu bringen hatte er auch Dietz geraten, der Kampf um Bonn und Godesberg werde hart werden »und kein Stein bleibe auf dem anderen«. Dietz blieb.

Ihm und dem einsichtigen Fallschirmjäger-General Richard Schimpf ist zu verdanken, daß die Lazarettstadt Godesberg nahezu unversehrt blieb. Dietz war auf abenteuerlichen Wegen zum Befehlsstand des amerikanischen Frontkommandeurs gefahren und hatte ihn angefleht, ein Ultimatum zu verlängern. Das Ultimatum lautete: Wenn der Widerstand der 3. Fallschirmjägerdivision nicht binnen kurzem aufhört, wird Godesberg in Brand geschossen. Zurück vom US-General, konnte Dietz den deutschen General zum Aufgeben überreden. Am 8. März gegen Mittag wurde Bad Godesberg kampflos den Amerikanern übergeben.

Auch das von schweren Luftangriffen beschädigte Bonn wurde am nächsten Tag den Amerikanern kampflos übergeben. Dies geschah um 9 Uhr am 9. März 1945. Auch hier war der Nazi-Oberbürgermeister Ludwig Rikkert rechtzeitig geflüchtet. Auch hier war ein einsichtsvoller General, Richard von Bothmer, klug genug, sich über den Befehl hinwegzusetzen, die Stadt bis zum letzten Mann zu verteidigen. Von Bothmer wurde von einem Standgericht zum Tode verurteilt. Im heutigen Stadtgebiet von Bonn war der Nazispuk vorbei, auf den Tag genau zwölf Jahre nachdem er begonnen hatte.

Der 6. März 1933. Der Bonner General Anzeiger berichtet, bei den Reichs- und Landtags-

Alef, nur eine Fußnote der deutschen Geschichte. Doch immer war er zur Stelle, wenn hoher Besuch in Bad Godesberg erschien

wahlen habe die NSDAP, die seit dem 30. Januar mit Adolf Hitler in Berlin den Reichskanzler stellt, ihren Stimmenanteil zwar verdoppeln können, doch das konservativkatholische Zentrum bleibe sowohl in Bonn als auch in Godesberg stärkste Kraft. Sogar die SPD hatte sich halten können. Eine Woche später bei den Kreis- und Stadtratswahlen das gleiche Ergebnis.

Doch was scherten die Nazis Wahlergebnisse, wenn sie nicht nach ihren Vorstellungen ausfielen. SA marschiert. Die demokratisch gewählten Amtsträger werden beurlaubt. In Bonn muß Oberbürgermeister Wilhelm Lürken dem Nazi Ludwig Rickert weichen, in Godesberg Bürgermeister Wilhelm Josef Zander dem Alt-Parteigenossen Heinrich Alef, damals NSDAP-Ortsgruppenleiter in den Gemeinden Duisdorf und Oedekoven.

Josef Zander, der nach dem Krieg erneut für vier Jahre Bürgermeister von Godesberg werden sollte, war ein mutiger Mann. Noch am 25. Februar hatte er befohlen, die von den Nazis über der Godesburg gehißte Hakenkreuzflagge zu entfernen. Und dies, geiferte das Nazi-Blatt »Westdeutscher Beobachter«, auch noch »von einem Sozialdemokraten«.

Die Stunde des Kaufmanns Heinrich Alef, geboren in Impekoven bei Bonn, kam am 12. April 1933. Da wurde er vom Landrat des Kreises Bonn als »Staatskommissar« eingeführt. Landrat Ohnesorge mahnte ihn: »Alef möge der ›erste Diener der Gemeinde Godesberg‹ sein. Adolf Hitler liebt es.« Alef fand die durchaus prophetischen Worte – auch wenn er sie ganz anders gemeint haben mag: »Die Auswirkungen der nationalen Revolution vom 30. Januar werden erst die Kinder und Enkel ernten.«

Alef und die sofort gleichgeschaltete Verwaltung gingen ans Aufräumen. Mißliebige Beamte wurden beurlaubt oder versetzt, der Ebert- in Adolf-Hitler-Platz, die Bahn- in Horst-Wessel-Straße umbenannt, Reichspräsident Paul von Hindenburg und Reichskanzler Adolf Hitler zu Ehrenbürgern erkoren. Seinem Führer teilte Alef mit, die Ehrenbürgerwürde gelte auch dem Verehrer und Gönner von Bad Godesberg, »Ihrer zweiten Heimat am Rhein«. Knapp zehn

24. September 1938: Hitler und Chamberlain haben im Dreesen die Sudetenkrise beigelegt. Alef strahlt

Tage später wurde Heinrich Alef, bis dahin ja nur bezahlter Staatskommissar, Bürgermeister. Sein Vorgänger hatte resigniert.

Zwischen Godesberg und Bonn, das Hindenburg und Hitler schon am 1. April 1933 zum Ehrenbürger gemacht hatte, begann ein kurioser Wettbewerb, wer in der Gunst des Führers besser da stünde. Bonn hatte da allerdings die schlechteren Karten. War es doch dem Führer der Nazipartei während der »Kampfzeit« verwehrt worden, im vornehmen Bonner Hotel Königshof zu residieren. Auf Anraten seines Stellvertreters Rudolf Heß, der in Godesberg zur Schule gegangen war, wich Hitler in die Bad-Stadt ins Hotel Dreesen aus.

Dort traf der gernegroße Nazi Alef alle großen Nazis des Dritten Reichs: Goebbels, Himmler, von Schirach. Immer wieder sieht man auf den vergilbten Fotos aus der damaligen Zeit neben den Machthabern des Dritten

Vor dem Rheinhotel Dreesen: Heinrich Alef und Reichsjugendführer Baldur von Schirach (mit Zigarre)

Reichs den Machthaber Godesbergs, Heinrich Alef in seiner kackbraunen Montur.

Es gibt zwei historische Daten, die mit Hitler und dem Godesberger Hotel Dreesen verbunden sind. Hier residierte Hitler unmittelbar bevor er nach Bayern aufbrach, um die SA-Führung mit ihrem Stabs-Chef Ernst Röhm zu liquidieren. Im Dreesen fand vom 22. – 24. September 1938 das Treffen Hitlers mit dem britischen Premierminister Arthur Neville Chamberlain statt, bei dem es um das Schicksal des Sudetenlandes ging.

Heinrich Alef war 36 Jahre alt, als etwas von dem Talmi-Glanz des Dritten Reichs auf ihn fiel. Der Bauernsohn und gelernte Kaufmann überlebte das Dritte Reich. Kaum ein Godesberger dürfte ihm eine Träne nachgeweint haben. Doch er fühlte sich nach dem Krieg als verfolgte Unschuld. Der Mann, der seine Stadt bis zum letzten Mann kämpfen lassen wollte – wobei er selbstredend nicht dieser letzte Mann sein mochte – klagte auf Pension nach Paragraph 7 des 131er Gesetzes. Er zog bis vor das Bundesverwaltungsgericht. Recht geschah ihm, denn eine Pension kriegte er nicht. Der Politik blieb er treu. Er wurde in den Sauerland-Gemeinden Meinerzhagen und Valbert Mitglied im Gemeinde- und Amtsrat und saß in der Landschaftsversammlung Rheinland, dem Parlament des rheinischen Landschaftsverbandes – als FDP-Mitglied.

Heinrich Alef kam am 29. September 1969 bei einem Autounfall in Unna ums Leben. In der Traueranzeige wird seine »liebevolle Hingabe für die Seinen und seine Mitmenschen« hervorgehoben.

Sibylle Mertens-Schaaffhausen

Die schlauen Frauen vom Auerhof

Heute sind im Auerhof im Bonner Stadtteil Plittersdorf Beamte des Bundesfinanzministeriums untergebracht. Wohl nur wenige wissen, daß zur Biedermeierzeit der Auerhof im Rheinland, aber auch darüber hinaus, Anlaß zum Tuscheln und Tratschen bot – wegen der Frauen, der Frauen vom Auerhof. Eine kleine, aber feine Gruppe kluger, gebildeter Frauen versammelte die wohlhabende Bankiersgattin Sibylle von Mertens-Schaaffhausen um sich. Dazu gehörten Johanna und Adele Schopenhauer, Mutter und Schwester des Philosophen, die Dichterin Annette von Droste-Hülshoff und Goethes Schwiegertochter Ottilie.

Die Frau, die später liebevoll-ironisch »Rheingräfin« genannt wurde, kam am 29. Januar 1797 in Köln zur Welt. Die Mutter starb wenige Tage nach Sibylles Geburt. Obgleich ihr Vater Abraham, Bankier zu Köln, ein Jahr darauf erneut heiratete und mit seiner zweiten Frau auch Kinder hatte, hing er nahezu abgöttisch an der ältesten Tochter, und sie liebte ihren Vater leidenschaftlich. Durchaus ungewöhnlich für die damalige Zeit ließ er ihr eine umfassende Bildung angedeihen, sie erlernte mehrere Sprachen und kümmerte sich, vielleicht aus Zuneigung zum Vater, auch um dessen Liebhaberei, die Altertumsforschung. Insbesondere alte Münzen faszinierten sie. Sie wurde eine anerkannte Expertin. Als sie mit 59 starb, hinterließ sie eine der größten und wertvollsten Sammlungen römischer Münzen und antiker Gemmen.

Allen, die es wissen wollten oder auch nicht, teilte Sibylle mit, daß sie »verheiratet wurde«. Auf Wunsch des geliebten Vaters ehelichte sie einen 16 Jahre älteren Angestellten des väterlichen Bankhauses, der mit der Hand Sibylles auch das Bankhaus in Köln bekam. Sechs Kinder hatten die beiden, dennoch wird die Ehe als unglücklich bezeichnet, zu unterschiedlich waren die Neigungen: Hier der eindimensionale Banker, dort die hochgebildete Frau. »Eine Höllenehe«, stellte die romantische Dichterin Annette von Droste-Hülshoff fest. Doch eine Scheidung kam nicht in Frage, bei aller Freigeistigkeit, zu gut katholisch war man dann doch.

Ab 1824 lebte Sibylle, oft getrennt von ihrem in Köln arbeitenden Moneymaker-Mann, auf dem vom Papa ererbten Bauernhof. Dort begründete sie ihren zunächst nur im Rheinland, dann weit darüber hinaus wohlbekannten literarischen Salon. Der Historiker Wallraf, der schon die kleine Sibylle unterrichtet hatte, kam zur Visite, der Musiker Ferdinand Ries, der Erzbischof von Köln, auch der berühmte Philologe August Wilhelm von Schlegel, der sich sogar einmal herabließ, mit dem nur gelegentlich geduldeten Gemahl von Sibylle zu sprechen.

Auf dem Auerhof traf sich im frühen 19. Jahrhundert eine illustre Damenrunde

»Dem Mertens brach der wahre Angstschweiß aus«, amüsierte sich Johanna Schopenhauer über den Bedauernswerten, auf dessen Kosten die chronisch klamme Schriftstellerin aber ganz gut lebte.

Die Mutter des pessimistischen Philosophen Arthur Schopenhauer war von Weimar an den Rhein gekommen, weil Johann Wolfgang Goethe, der Dichterfürst, nicht mehr in ihren Salon kam. Goethe war zu sehr mit seinem Faust II beschäftigt. Zwar war Johanna Schopenhauer eine damals durchaus anerkannte und erfolgreiche Schriftstellerin, aber sie konnte nicht mit Geld umgehen. Deshalb nahm sie die Einladung Sibylles gerne an, die wiederum geschmeichelt war, etwas Weimarer Glanz abzubekommen. Damals war es nicht sehr viel anders als heute, wenn ein Tennisstar für Milchreis wirbt.

Johanna brachte Tochter Adele mit, die wurde zur engen, zur engsten Freundin der unglücklichen Sibylle. Adele Schopenhauer schrieb an ihre Weimarer Freundin Ottilie, Ehefrau von Goethes einzigem Sohn August: »Ich habe wieder eine menschliche weiche Neigung in meinem von Kummer versteinerten Herzen, zu einer Frau, die im Wesen Dir und mir gleicht, doch verschieden von beiden etwa zwischen uns zu stellen ist. Was sie alles getan hat, um mich zu gewinnen...«

Die Freundschaft zwischen Adele Schopenhauer und Sibylle dauerte mehr als 20 Jahre. Adele Schopenhauer starb an einem Krebsleiden am 25. August 1849 in den Armen ihrer Gönnerin. Auf dem Alten Friedhof in Bonn kauft Sibylle ein Grab für sie. Ottilie von Goethe, die Dritte im Bunde, schrieb nach Adeles Tod an Sibylle: »Mir ist, als könnte ich an meine Kindheit und Jugend nicht mehr denken, als hätte ich sie mit Adelens Tod verloren.«

Sibylle hatte Goethes Schwiegertochter in einer prekären Situation diskret geholfen. Nach dem Tod des unglücklichen August Goethe im Jahre 1830 lebte sie nicht als keusche Witwe, wie man es damals wohl erwartete, sondern verliebte sich in den jungen irischen Theologiestudenten Charles Sterling. Diese Liebe war nicht platonisch, sondern hatte sehr irdische Folgen. Ottilie Goethe wurde schwanger. Sibylle fand einen diskreten Platz für die Niederkunft der Freundin, weit entfernt von Bonn und Weimar, in Baden bei Wien. Ottilie klagte: »Nicht die Liebe macht mich momentan unglücklich, wohl aber das Gefühl des Betrugs. Auch Sterling schmerzt mich, versteht er doch ebenso wenig Freund wie Geliebter zu sein.« Sibylle verstand, schickte einen Scheck, der für drei Monate reichte, und ließ Ottilie wissen: »Sind Sie dann so ungefähr am Rande mit den Botschaften, so bitte ich mir eine neue Order (wie wir Banquiers sagen) aus, und sende dann gleich.« Am 20. Februar 1835 gebar Ottilie von Goethe ein Mädchen, sie ließ es auf den Namen Anna Sibylle taufen.

Sibylle Mertens-Schaaffhausen war zu dieser Zeit in Genua, wo eine Cholera-Epidemie wütete. Wenn auch selbst zeitlebens kränkelnd – insbesondere ein chronisches Hämorrhoidenleiden machte ihr stets zu schaffen –, half sie doch im geliebten Italien bei der Seuche. »La Principessa tedesca« – die deutsche Prinzessin – bekam für ihren selbstlosen Einsatz gar einen Orden vom König.

Obwohl die Menschen dort wie die Fliegen starben, machte sich Sibylle in Genua Gedanken, wie man verhindern könnte, daß der Name Goethe mit einem »Kind der Sünde« belastet würde. Sie machte Ottilie den Vorschlag, die kleine Anna Sibylle einer italienischen Amme unterzuschieben und zu behaupten, sie sei eine Waise, ihre Eltern seien der Cholera zum Opfer gefallen. Doch dieser Trick war nicht nötig. Anna enthob ihre Mutter und deren Freundin aller Peinlichkeiten, indem sie rechtzeitig, nur wenige Monate alt, starb.

Nach allem, was wir wissen, war Sibylle ein sehr ichbezogener Mensch, mit schnell wechselnder Stimmung, heute himmelhoch jauchzend, morgen zu Tode betrübt, selbstlos und selbstsüchtig zugleich.

So fand sie nicht viel dabei, daß sie ein Manuskript der Annette von Droste-Hülshoff schlicht verkramt hatte. Diese wohl bedeutendste deutsche Dichterin der Romantik fühlte sich wohl im Auerhof-Kreis. Dort hörte man ihr zu, wenn sie ihre Gedichte vorlas. In ihrer westfälischen Familie nahm niemand ihre literarischen Arbeiten ernst. Als Sibylle erkrankte, pflegte die Droste sie aufopferungsvoll. An ihre Mutter schreibt sie: »Ich habe viel Last gehabt, soviel wie in meinem ganzen Leben noch nicht. Ich habe die arme Mertens Tag und Nacht gepflegt, fast ganz allein.« Die Droste war die einzige der Auerhof-Damen, die ein gewisses Verständnis für den armen, reichen Bankier an Sibylles Seite hatte: »Ihren Mann fand ich sehr elend«, schreibt sie an ihre Schwester Jenny über den Bankier Mertens, »er sah gelb und aufgeschwemmt aus, war unbeschreiblich verdrießlich und klagte sehr. Zu ihrer Ehre sei gesagt, daß sie recht besorgt um ihn war und viel Geduld hatte, wollte Gott, sie hätte es früher gehabt.«

Der Bankier erlöst seine Frau 1842 von seiner Gegenwart. Das war nicht weiter schlimm für Sibylle, viel schlimmer war, daß er kein Testament gemacht hatte. So begann ein langwieriges Prozessieren zwischen ihr und den Kindern. Der geliebte Auerhof mußte verkauft werden, denn von ihren Sammlungen wollte sich Sibylle nicht trennen. Sie fühlt sich verlassen in Bonn, verfällt in Depressionen. Jetzt erst

Die romantische Dichterin Annette von Droste-Hülshoff gehörte zum Kreis der Damen vom Auerhof um Sibylle Mertens-Schaaffhausen

läßt sie dem armen Louis ein wenig Gerechtigkeit widerfahren, vertraut ihrem Tagebuch an: »Armer Louis! Vergib mir es, wenn ich hemmend, störend in Dein Leben trat! Mein gebrochenes Lebensglück vergab ich Dir längst.«

Nach dem Tod des armen Louis zog seine Witwe nach Rom, dort begann ihr zweites Leben. Im Palazzo Poli mietete sie sich eine großzügige Wohnung. Sie schwärmt in einem Brief an ihre Stiefschwester Lilla in Köln:

»Rom ist mir fast heimatlich...« Sie hat wieder einen Salon, man trifft sich bei Sibylle Mertens-Schaaffhausen, jeden Dienstag. Sie beschreibt, wie es da zugeht: »... ich mache nur Sitte, Bildung und Geist sowie Duldung und so wenig Klatsch wie möglich zur Bedingung einer Präsentation. Deutsch, französisch, dänisch, russisch, polnisch und neugriechisch klingen da gegeneinander. Und nicht nur die verschiedenen Nationen, auch die Stände gehen ruhig durcheinander her: Brillante Salondamen, Gelehrte, Geistliche, gute Hausfrauen, Künstler, musikalische Zelebritäten, Touristen, der Monsignore und die Schriftstellerin, der Kaufmann und der Prinz, der Gesandte und der Dr. Juris, der Arzt und die elegante Frau...« Unter den Gästen der Dienstags-Soireen ist auch die Schriftstellerin Fanny Lewald, Verfasserin damals vielgelesener Unterhaltungsromane. Sie beschreibt in ihrem »Römischen Tagebuch« Sibylle so: »Der schmale, fast fleischlose Kopf war von glattem, dickem und kurz geschnittenem Haar umgeben. Der ganze Knochenbau lag zutage, die Backen- und Augenknochen sprangen hervor, die Lippen waren schmal, der Mund klein, das Kinn stark, und doch konnte man von diesem Kopf den Blick nicht abwenden...«

Mehrfach mußte Sibylle zurück nach Bonn, der Prozeß gegen die Kinder zog und dehnte sich, es war eben viel Vermögen da, das aufgeteilt werden mußte. 1855 ist alles klar, sie bricht die Zelte ab in Bonn, reist durch Europa, Ziel: Italien. Am 19. Dezember 1856 schreibt sie an Ottilie von Goethe: »Seit ich in Civitavecchia landete, ist das Wetter wundervoll schön; der Himmel blau, die Sonne warm. Ich bin kaum jemals im Leben so froh gestimmt gewesen wie auf dieser Fahrt, die mich zum Ziel eines jahrelangen Strebens führte.«

Ein paar Monate später erkrankte Sibylle Mertens-Schaaffhausen an Malaria. Sie starb am 22. Oktober 1857, auf dem Campo Santo Teutonica in der Nähe des Petersdoms wurde sie beigesetzt. Ihre wertvolle Münz- und Gemmensammlung sowie ihre Bibliothek wurden versteigert.

Im Bonner Stadtteil Plittersdorf kreuzen sich die Annetten- und Sibyllenstraße genauso, wie es die Lebenswege der Annette von Droste-Hülshoff und der Sibylle von Mertens-Schaaffhausen taten.

Viktoria von Preußen

Fünf Bundeskanzler regierten in ihrem Palais

Sie hatte so blaues Blut, blauer geht es nicht. Als sie starb, war sie so pleite, pleiter geht es nicht. Fast wäre Viktoria von Preußen Königin von Bulgarien geworden, doch sie endete als Ehefrau eines Hochstaplers. In ihrem Haus, dem Palais Schaumburg, regierten fünf deutsche Kanzler: Konrad Adenauer, Ludwig Erhard, Kurt Georg Kiesinger, Willy Brandt und zuletzt Helmut Schmidt, der dann in das ihn selbst an eine Sparkassen-Filiale erinnernde Kanzleramt nebenan umzog. Als die zweite deutsche Republik 1949 anfing zu leben, da war die unglückliche Viktoria schon 20 Jahre tot. Und viele haben vergessen, daß ihr Palais Schaumburg einst ein Palais Schaumschlag war.

Geboren wurde Viktoria 1866 als Tochter des späteren Kaisers Friedrich, der nur 100 Tage regieren sollte. Sie war die Schwester des letzten deutschen Kaisers Wilhelm Zwo, Enkelin der britischen Königin Viktoria.

Bonn am Rhein war die heimliche Liebe der Hohenzollern-Prinzen. Hier hatte Viktorias Vater studiert – und sich amüsiert, ihre Brüder taten es ihm gleich. Sie hätte wohl auch gern studiert, doch das war damals unschicklich für eine Hohenzollern-Prinzessin. Immerhin, sie trieb Sport, was damals auch an der Grenze dessen war, was man bei einer jungen Dame des Hochadels zu tolerieren bereit war. Sie tanzte wie ein Wirbelwind, konnte reiten wie der Teufel.

In Berlin verliebte sie sich, durchaus standesgemäß, in einen schmucken Gardeoffizier, den Prinzen Alexander von Battenberg, ein Vorfahre des britischen Prinzen Philipp, Gemahl der Königin Elizabeth von Großbritannien. Alexander von Battenberg war zu Großem bestimmt. Der russische Zar wollte ihn zum Herrscher eines ihm ergebenen Bulgarien machen. Auf dem Berliner Kongreß von 1878, bei dem Otto von Bismarck die Rolle eines »ehrlichen Maklers« – für viele ein Widerspruch in sich – übernommen hatte, stand die Neuordnung Europas an. Und Alexander sollte seine Rolle darin spielen. Der Zar ließ Alexander aber fallen, als er bemerkte, daß er durchaus Sympathien zu den bulgarischen Nationalisten hegte. Um den Zaren nicht zu verärgern, hintertrieb der ehrliche Makler Bismarck die Verbindung der Häuser Hohenzollern-Battenberg, er drohte gar mit Rücktritt. Denn eine Liebe in diesen Kreisen, eine Ehe gar – das ist keine Privatsache. Viktoria entsagte 1883 ihrer großen Liebe aus Staatsräson.

Ein neuer Mann wurde gesucht und gefunden. Der hieß Prinz Adolf zu Schaumburg-Lippe. Zu dieser Zeit diente er bei den Bonner Husaren. Standesgemäß erwarb er für sich und seine Frau das Palais Schaumburg. Dieses weiße Palais am Rhein, hatte der aus den USA

Viktorias erster Gatte, Prinz zu Schaumburg-Lippe, starb im Weltkrieg I

voller Heimweh heimgekehrte Textil-Fabrikant und Dollar-Millionär William Loeschigk sich vor die Tore Bonns setzen lassen.

Die Zeit von 1899 bis zum Beginn des Weltkrieges, dem man erst viel später die Nummer Eins geben sollte, verlebte das hochadelige Paar in Saus und Braus. Ein Fest jagte das andere, ein Ball folgte dem nächsten. Gerne schauten Kaisers vorbei oder die vier Kaiser-Söhne, die Neffen der Hausherrin. Das Leben, ein Fest für die, die es sich leisten konnten. Viktoria und ihr Husar konnten.

Bis 1914. Da mußte auch der Prinz zu Schaumburg-Lippe ins Feld. Zwar nicht ganz so weit vorne, daß es zum Heldentod gelangt hätte, aber es reichte für eine Lungenentzündung, denn auch in der Etappe war es nicht so kommod wie im Palais am Rhein. Die Lungenentzündung raffte den Prinzen dahin. Das geschah im Jahre 1916. Die Witwe blieb in Bonn, amü-

Alexander Zoubkoff, charmanter Hochstapler, auf dem Motorrad. Seine Sozia ist Viktoria, Schwester des letzten deutschen Kaisers

sierte sich nach der Besetzung durch die Briten mit den schmucken Offizieren der Sieger. Nationalbewußte Bonner nahmen ihr das übel. Aber sie war ja eine Enkelin der britischen Königin Victoria.

Die Bonner bekamen noch mehr Grund, übel zu nehmen. Der Grund hieß Alexander Zoubkoff, behauptete, er sei ein durch die russische Revolution enteigneter Adliger. Er war ein Hochstapler, ein sehr charmanter. »Die Alte ist total verrückt geworden«, grummelten die Bonner, als die Prinzessin im Jahre 1927, damals 61 Jahre alt, den 26jährigen Hallodri nach russisch-orthodoxem Ritus heiratete. Sie trug den Brautschleier ihrer Oma, der Queen Victoria. Beim Hochadel, ob formell abgeschafft oder nicht, war die nunmehrige Viktoria Zoubkoff unten durch. Überall an den Höfen Europas wurden die von blauem Blut durchpulsten Nasen gerümpft.

Oft sah man das seltsame Paar auf einem eigenhändig gelenkten Motorrad – Kennzeichen IZ 14 68 50 – durch Bonn rattern. Sie trug einen schicken Pelz, auf dem Kopf ein Kapotthütchen, er gefiel sich in einem männlichen Lederdress. Tüchtig war Alexander Zoubkoff nur im Geldausgeben. Das beträchtliche Vermögen der Preußen-Prinzessin brachte er im Nu durch, am liebsten an Spieltischen. Als kein Bargeld mehr vorhanden war, verscherbelte das ungleiche Paar Geschirre und Bestecke. Noch heute sollen Bonner Bürger von hohenzollerschen oder schaumburg-lippischen Tellern speisen.

Als dann gar kein Geld mehr vorhanden und auch nichts mehr zu verkaufen war, verschwand der Herr Gemahl. Er machte sich dünne. In Luxemburg fand er einen Job als Kellner, trug eine Plakette mit der Inschrift: »Hier bedient Sie der Schwager des Kaisers« – was die Trinkgelder ins Fürstliche steigern sollte.

Die sitzengelassene Prinzessin veröffentlichte aus purer Geldnot ihre Memoiren im »General Anzeiger«. Dem Ministerialrat im Bundeskanzleramt, Horst-Jürgen Winkel, der die Geschichte des Palais Schaumburg aufgeschrieben hat, ist sie nach Lektüre der Memoiren »richtig sympathisch« geworden.

Die Prinzessin starb am 13. November 1929 an einer Lungenentzündung, wie ihr erster Gemahl. Es heißt, sie habe nicht mehr genug Geld gehabt, um das riesige Palais zu heizen. Sie verschied als Frau Zoubkoff, denn den wenige Tage später anberaumten Scheidungstermin erlebte sie nicht mehr. Beigesetzt wurde die arme, reiche Prinzessin von Preußen an der Seite ihrer Mutter in Kronberg im Taunus. Ihr Witwer überlebte sie um sieben Jahre, sein letztes Stündlein schlug in Luxemburg, im Armenhospital.

Das Palais Schaumburg kam unter den Hammer. Hatte es bis zum Tode der Prinzessin Geschichten erlebt, so wurde seit 1949 in ihm Geschichte gemacht. Die Bonner Schriftstellerin Karin Hempel-Soos stellt fest: »Nicht immer wird klar, ob sich die Republik der Geschichten bewußt ist, auf denen ihre heutigen Repräsentanten fußen.«

Im Palais Schaumburg, erbaut von einem Textil-Fabrikanten, regierten fünf deutsche Bundeskanzler und (mindestens) ein Hochstapler

Clemens August und Maximilian Franz

Der Lüsterne und der Fette

Ein flotter Kurfürst: Clemens August

Die Nase im schmalen Gesicht ist scharf geschnitten, die wulstigen Lippen wirken sinnlich. Der ganze Kerl ist im Imponiergehabe des absolutistischen Fürsten gemalt: weiße Perücke, roter Priesterrock mit Hermelinjacke, dazu die Insignien eines Hochmeisters des Deutschen Ordens. Das Gemälde hängt im Amtszimmer des Oberbürgermeisters von Bonn. Wahrlich kein Vorbild für ein demokratisch gewähltes Stadtoberhaupt ist dieser Kurfürst Clemens August. Doch gerade ihm und dem ebenfalls kurfürstlichen Max Franz verdanken die Bonner Demokraten, daß sie ein paar Vorzeige-Bauwerke haben.

Der Herr, der dem Bonner Oberbürgermeister bei der Arbeit zuschaut, war der fünfte und letzte Kurfürst von Köln aus dem Hause Wittelsbach, nebenberuflich tätig als Chef der Bistümer von Münster, Paderborn und Hildesheim. Wiewohl ein Fürst der Kirche, mag man ihn nicht als frommen Mann bezeichnen, vom Zölibat hielt er nichts. Von seiner Zeugungsfähigkeit zeugt Tochter Anna Maria, später geadelt. Sie war Resultat eines Techtelmechtels mit der Bürgerlichen Mechthild Brion. Ansonsten erkor der Kurfürst seine Affären eher standesgemäß. So durften die Fürstin Sophie von Nassau-Siegen, verheiratet mit einem 56 Jahre älteren Manne, und die Tochter eines preußischen Ministers, Luise von Brandt, sich der Gunst des Krummstab-Eigners erfreuen. Der flotte Kirchenfürst küßte lieber die schönen Frauen als das Kruzifix. Er war lüstern, lebensfroh, verschwenderisch, herrschsüchtig, ein Kind des Rokoko – Bonn verdankt ihm viel. Im Schloß Augustusburg bei Brühl, von ihm errichtet, finden seit 1949 die großen Staatsempfänge der zweiten deutschen Republik statt. Immer wieder taucht in den Sälen des von Balthasar Neumann mitgestalteten Rokoko-Baus das weiß-blaue Rautenmuster der Bayern auf.

In Brüssel wurde Clemens August am 17. August 1700 geboren, in Paris studierte der Bayernprinz – nicht nur die Wissenschaften, sondern auch das lockere Leben. Sein Lehrmeister war Prinz Philipp de Vedôme, von dem es hieß, er sei 40 Jahre nie anders als stockbesoffen ins Bett gefallen, ein Zustand, der ihn aber nicht gehindert haben soll, Dutzende von Mätressen zu beglücken. Mit 15 erfuhr der fröhliche Bayer, er solle Priester werden. Die Idee dazu kam seinem Onkel, Joseph Clemens, Bauherr des Poppelsdorfer Schlosses, ebenfalls Kurfürst von Köln. Im spanischen Erbfolgekrieg hatte er sich auf die Seite des Sonnenkönigs Ludwig IV – »Der Staat bin ich« – geschlagen, war dafür vom Kaiser geächtet, aber 1714 wieder in seine alten Rechte eingesetzt worden. Der Onkel hielt seinen Neffen für fromm, war der doch in der Lage, den Rosenkranz zu beten. Mit 23 wurde Clemens August Kurfürst – eine Blitzkarriere.

Die Prachtentfaltung des Hofes von Versailles, das Paris des Absolutismus, das war sein Vorbild. Daß seine Bistümer allesamt dafür zu klein und zu arm waren, störte den Lebemann nicht, denn er war ein Meister im Geldauftreiben. Er nahm das Gold von dem, der es ihm gab. Ob es die Österreicher, die Franzosen oder die Holländer waren, ihm galt: »Pecunia non olet«, Geld stinkt nicht. Kaiser Franz I nannte ihn verächtlich »une vraie girouette«, eine echte Wetterfahne.

Clemens August, Kurfürst mit Liebe zum Kaffee

Dennoch war er immer in Geldverlegenheit. Kein Wunder, bei dieser Hofhaltung: 250 adlige Kämmerer waren am kurfürstlichen Hof beschäftigt, von denen aber nur 111 Dienst taten, die anderen waren Reserve. Über 120 Förster und Jäger standen im Solde des Jagdverrückten, es gab einen Falkner, einen Entenmeister, einen Hühnerpflücker, sogar einen Clown. Da

Eminenz zur Hypochondrie neigten, mußten ständig sechs Leib- und vier Hofärzte seine Gebrechen kurieren. Am liebsten ließ er sich freilich von dem jüdischen Privatarzt Dr. Moyses Wolff behandeln. Die opulente Hofhaltung erfreute die damals 8 000 Bonner, soweit sie als Kaufleute, Bäcker, Metzger, Brauer profitieren konnten. Doch die Kassen wurden immer leerer. Bis zu dem Tag, an dem Clemens August zum Hochmeister des reichen Deutschen Ordens gewählt wurde. Da konnte er sich endlich das Leben leisten, das er führte. Das muß für ihn sowas wie ein Sechser im Lotto gewesen sein.

Clemens August hatte nun mehr Mittel als sein Bruder Karl, der 1742 zum Kaiser des Heiligen Römischen Reiches Deutscher Nation gekürt wurde. Karl brachte zur Kür nach Frankfurt, wie Chronisten penibel vermerkten, nur 1 293 Höflinge und 450 Pferde mit; Bruderherz Clemens August protzte mit 1 600 Leuten und 750 Pferden. Allein das eigens für die Kaiser-Kür in Lyon gefertigte Erzbischofsornat, die »Clementina«, hat, auf heutiges Geld umgerechnet, 186 000 DM gekostet.

Doch ihn nur als lüsternen Protz-Priester zu porträtieren, das würde Clemens August nicht gerecht. Er liebte nicht nur und frönte nicht nur der Jagd – er regierte auch. So verbot er das »Duellieren und Raufen«. Grund, gegen die in »den erzstiftischen Landen fortdauernde Duellsucht« vorzugehen, war der Tod des Freundes Freiherr Johann Baptist von Roll beim Duell gegen den Minister Graf Ferdinand von Plettenburg.

Der Kurfürst kümmerte sich um vieles. So untersagte er den Rheinschiffern das Fluchen und lästerliches Reden, erließ eine »Brod-Backordnung«, schützte die Juden durch ein Edikt und versuchte – allerdings ohne Erfolg –, eine Porzellanmanufaktur in Poppelsdorf zu etablieren. Damals soll unter den Bönnschen der Satz entstanden sein: »Unterm Krummstab läßt sich gut leben.«

Er war es auch, der 1737 den Grundstein gelegt hat zum Bonner Rathaus, weshalb verzeihlich ist, daß das aufgeklärte Stadtoberhaupt ein Porträt des absoluten Kirchenfürsten in seinem Amtszimmer duldet.

Hofbälle machten Bonn als Hauptstadt attraktiv

Clemens August starb bei einem ihm gemäßen Anlaß, beim Ball. Das geschah am 5. Februar 1761 auf Schloß Philippsburg bei Koblenz. Der alte Schwerenöter tanzte wie wild. Blutsturz. Tod. Fegefeuer oder Paradies – wer weiß.

Sein Nachfolger war das absolute Gegenteil des absoluten Kirchenfürsten. Reichsgraf Max Friedrich von Königsegg-Rothenfels war Domdechant zu Köln, mit 53 wurde er Kurfürst, 23 Jahre blieb er es. Während Clemens August ein Meister im Geldausgeben war, wurde es sein Nachfolger im Sparen. So sparsam war Max Friedrich, daß er vom Volksmund verspottet wurde: »Bei Clemens August trug man Blau und Weiß / Da lebt' man wie im Paradeis / Bei Max Friedrich trägt man Schwarz und Rot / Da leidt man Hunger wie die schwere Not.«

Das war eine Übertreibung des Volkes, das gerne seinen Mund zu voll nimmt. Manchmal geht es dem Volke gar nicht so schlecht bei Herrschern, die die Historiker als »unbedeutend« einstufen. 23 Jahre kein Krieg, Beginn einer organisierten Wohlfahrt und 300 000 rheinische Gulden in die Staatskasse, das war die Bilanz, als Max Friedrich die Augen schloß.

Sein Nachfolger wurde Erzherzog Maximilian von Österreich, 16. Kind der Kaiserin Maria Theresia. Seine Maxime: »Ich muß alles daran setzen, mein Volk glücklich zu machen.« Er war der letzte der Kölner Kurfürsten, nach ihm kamen die Franzosen und dann die Preußen.

Eigentlich war der Max zum König von Ungarn bestimmt. Doch im bayerischen Erbfolgekrieg, bekannt geworden als »Kartoffelkrieg«, erkrankte er schwer, seine Beine waren voller nicht heilender Geschwüre. Ende der militärischen Karriere. Also entschied Frau Mama, Max solle Koadjutor des Kölner Erzbischofs werden. Priester, so ließ sich der Habsburger versprechen, müsse er darum nicht werden. Begeistert zeigte sich Amtsträger Max Friedrich, der Sparsame, nicht von seinem Koadjutor. Doch die Zahlungen von jährlich 50 000 Gulden sowie eine einmalige Zuwendung von 100 000 Gulden stimmten ihn um. Für den churcöllnischen Unterhändler, Kaspar Anton Belderbusch, fiel eine Provision von 100 000 Gulden aus der österreichischen Staatskasse ab. Da sage einer, Parteienfinanzierung sei ein Problem unserer Zeit.

Nach dem Tod von Max Friedrich am 15. April 1784 wird Maximilian Franz neuer Kurfürst. Tatsächlich erhält er einen Dispens vom Papst, weil er ja kein Priester ist. Dann entschließt er sich, dies doch zu werden, studiert gar Theologie. Drei Wochen lang beehrt der Erzbischof das Kölner Priesterseminar, kurz vor Weihnachten 1784 erhält er die Priesterweihe, ein halbes Jahr später die eines Bischofs.

Warum Maria Theresia fast drei Millionen Gulden ausgab, um ihren Sohn zum Erzbischof von Köln zu machen? Das hat nicht nur mit Mutterliebe zu tun. Sie wollte einen der ihren am Rhein haben, denn auf Köln war auch das verhaßte Preußen scharf, mit dem Österreich im 18. Jahrhundert Krieg zu führen beliebte.

Obwohl ins Amt gekauft, erwies sich Maximilian als Glücksfall für Bonn und die Bonner. Er gründete die Universität, baute die Redoute, Bonns heute noch gute Stube, und verhalf Godesberg zum Ruf als Kurstadt, was den Titel Kurfürst so schön doppeldeutig macht.

Den Kurfürsten verdankt Bonn den Bau, der heute Uni ist

Maximilian Franz,
16. Kind von Maria Theresia,
Bonner Kurfürst

Der Habsburger wird als volkstümlich geschildert, bürgernah, heute würde man sagen: »Ein Kurfürst zum Anfassen.« So soll er, unerkannt im schlichten Rock, einer alten Frau beim Tragen eines schweren Korbes geholfen haben. Dem Grafen Metternich-Winneburg schreibt der aufgeklärte Kurfürst: »Ich werde mein ganzes Leben lang suchen, den Schwachen und Bedrückten zu schützen, nur die Gerechtigkeit seiner Sache wird mich dabei lenken.«

In Frankreich hatten die Schwachen und Bedrückten einen anderen Weg gefunden, als auf die Fürstenhuld zu setzen. 1789 – La révolution. Die Köpfe rollten, denn die Guillotine regierte. Max' Schwester, Marie Antoinette, Königin von Frankreich, wurde enthauptet. Die Revolution wurde exportiert. 1793: Das französische Revolutionsheer besetzt Bonn. Max Franz muß fliehen. Ein paar Wochen später ist Bonn wieder frei, der Kurfürst wird begeistert empfangen. Doch im Oktober 1794 ist endgültig Schluß mit der kurfürstlichen Herrlichkeit. Die Franzosen sind wieder da, wieder flieht Max Franz. Diesmal ist es eine Flucht ohne Wiederkehr, denn im Frieden von Rastatt sichert sich Frankreich das linke Rheinufer, aus der kurfürstlichen Residenzstadt wird eine unbedeutende Arrondissement-Verwaltung.

Max Franz hat den Verlust »seiner« Stadt nie verwunden. Er, der immer ein Freund von Lebensmitteln war, aß nicht mehr, er fraß. Seine Eminenz wurden »fett und fetter«, man schätzte ihn zuletzt auf 450 Pfund. Er zog sich zurück nach Österreich, starb im Alter von 45 in Hetzendorf nach einem Schlaganfall.

Im heutigen Bonn führen zum scheußlich-dominierenden Stadthaus zwei nach Maximilian Franz benannte Straßen: Die Max- und die Franz-Straße. Die Maxstraße war 1922 in Marx-Straße umbenannt worden, schließlich hatte der »Kapital«-Verfasser Karl Marx an der von Max begründeten Universität studiert. 1933 wurde von den Nazis das »r« entfernt, und die Straße hieß wieder Maxstraße. 1949 wurde das »r« neu installiert. Das blieb so bis 1961, als die Mehrheit im Stadtrat entschied, der Kurfürst Max habe doch größere Verdienste um Bonn als der Sozialist Marx. Und die Marx- wurde wieder zur Maxstraße. Nach dem ganzen Murks fand sich für Marx inzwischen eine andere Straße.

Gebhard von Waldburg

Ein Klo macht Kriegsgeschichte

Aus der heißen Liebesnacht wurde nichts. Denn Fräulein Agnes von Mansfeld, vom Kölner Erzbischof Graf Gebhard Truchsess von Waldburg eingeladen nach Brühl aufs Schloß, hatte ihre Brüder eingeweiht. Sie wollte keine Frau für eine Nacht sein. So drangen die Brüder der angeblich wunderschönen Agnes ins bischöfliche (Bei-)Schlafgemach ein und forderten: Heirat oder Eminenz werden nie mehr lieben können. Das war dem ja eigentlich zur sexuellen Enthaltsamkeit verpflichteten Kirchenfürsten, damals 30 Jahre alt und voller Kraft in den Lenden, denn doch keine angenehme oder auch nur akzeptable Aussicht und er willigte – notgedrungen – ein, die evangelische Agnes zu heiraten.

Mit einem Trick gelang es Agnes von Mansfeld, Ehefrau des Erzbischofs zu werden

Das Fräulein Agnes war ein ganz raffiniertes. Um den Kirchenfürsten kennenzulernen, hatte sie den Magier Scotto aus dem Welschland beauftragt, dies mit Hilfe eines Zauberspiegels zu arrangieren. Offenbar war dessen Spiegel zuverlässiger als so manches heutige Partnervermittlungsinstitut. Wie es der Zufall des Zaubers so will: Als der brave Erzbischof durch Bonn ritt, fand die adrette Agnes die Gelegenheit, ihm vom Erker eines Hauses ein Blumensträußchen zuzuwerfen. Dann kam die Einladung nach Brühl, die Drohung mit den brüderlichen Messerchen und das halb erzwungene Heiratsversprechen. Doch das war nicht alles. Agnes, die in ihrem Stift zu Gerresheim mehr als Häkeln gelernt hatte, bestand auf einem calvinistischen Pastor, der sie und den Bischof trauen sollte. Kurz vor Weihnachten des Jahres 1582 verzichtete der Erzbischof auf sein geistliches Amt, weltlicher Kurfürst von Köln wollte er aber bleiben, bevor er als Mittelloser durch das aufgewühlte, von protestantisch-katholischen Rankünen zerstrittene 16. Jahrhundert irren müßte. Und da gab es Zoff. Ein Evangele als Kurfürst des hilligen Köln, nein das entsprach nun gar nicht dem Proporz. Und so wurde der bis dahin in Rom durchaus geschätzte Erzbischof im Ruhestand nach seiner Heirat mit der schönen Agnes am 2. Februar 1583 abgesetzt und von Kaiser Rudolf II mit der Reichsacht belegt.

Es ging damals weniger um den rechten Glauben oder die falsche Liebe, sondern um Macht. Wäre der Frisch-Vermählte nämlich Fürst geblieben, hätten die Evangelischen die Mehrheit gehabt im Kreise der Kurfürsten, und der nächste Kaiser des Heiligen Römischen Reichs Deutscher Nation hätte ein Protestant werden können. Kampflos wollte Gebhard sein Fürstentum nicht opfern, also Krieg.

Der bayerische Herzog Ferdinand führte die Truppen gegen den Ex-Erzbischof. Ferdinand war – Ironie der Geschichte – ein Bruder des Bischofs von Hildesheim namens Ernst. Der wäre gerne statt Gebhard Erzbischof von Köln geworden, war aber von den Domherren wegen seines liederlichen Lebenswandels abgelehnt worden. Ferdinand führte eine stattliche Heerschar an: Bayern, Badener, ja sogar Spanier kämpften mit ihm. Gebhards Truppen waren spärlich. Treu waren ihm jedoch die Bonner und die Godesberger.

Vier Wochen lang belagerten die Katholischen die Godesburg. Weder Hunger noch Beschießung machten die Verteidiger der im 13. Jahrhundert erbauten Burg mürbe. Schließlich ließ der Bayern-Herzog 1 500 Pfund Pulver in einen eigens gegrabenen Minenstollen bringen und zünden. Der halbe Burgberg flog in die Luft. Doch wegen des Staubes fanden die Angreifer keinen Weg. Da entdeckte einer der Soldaten, einer der vielen Unbekannten, die die Geschichte beeinflussen, das stille Örtchen der Burg, eingebaut in die Burgmauer. Durch den Lokus verschafften sich die katholischen Heerscharen Zugang zur Godesburg. Die Soldaten des Karl Truchsess, Bruder des wohlweislich geflüchteten Gebhard Truchsess von Waldburg, erhielten freien Abzug. Die anderen Burg-

1583: Die Godesburg wird erstürmt, der halbe Berg fliegt in die Luft

bewohner aber, darunter viele Frauen und Kinder, wurden abgeschlachtet. So ritterlich war man damals!

Nach dem Fall der Godesburg am 17. Dezember 1583 war der Weg frei nach Bonn, der Stadt, in der die verhängnisvolle Affäre zwischen Gebhard und Agnes begonnen hatte. Bonn fiel am 28. Januar 1584. Für 4 000 Gulden stellen die Gebhardschen Landsknechte das Kämpfen ein. In einem Spottgedicht aus damaliger Zeit heißt es: »Zu Bonn am Rhein ein Cölsche Stadt / Der Truchsess ein Besatzung hat, / Die doch ohn' großen Mangel drin, / uneinig war in ihrem Sinn, / Drum sie dem Feind nach kurzer Zeit / Die Stadt ergab ohn' allen Streit / Verkauft ihr Ehr und Herrschaft Stolz, / Ein jeden für acht Gulden Solds.«

Schlecht erging es den Getreuen des Verlierers. Die Beamten des gefeuerten Kirchenfürsten wurden hingerichtet nach qualvoller Folterung.

Der, der schuld war an dem ganzen Leid der Bonner und Godesburger, ließ lieber kämpfen, als selbst zu streiten. Er war lange vor dem Fall seiner Liebesstadt nach Westfalen geflüchtet. Von dort aus schickte er seine Frau Agnes nach England, um von der Königin Elizabeth I. Hilfe zu erbitten. Die Herrscherin war durchaus geneigt. Doch da machte die schöne Agnes dem Herzallerliebsten der Königin, dem Grafen von Essex, schöne Augen – wie man so sagt. Und Elizabeth machte kurzen Prozeß. Sie verwies Agnes des Landes.

Allein, der später so genannte Truchsess'sche Krieg ging weiter. Neuss mußte dran glauben, Moers wurde zerstört, Rheinberg belagert und erobert. Und Bonn wurde zurückerobert. Der Söldnerführer – damals ein durchaus ehrenwertes Gewerbe – Martin Schenck von Nideggen, eroberte Bonn im Auftrag der protestantischen Niederländer zurück, die dem Grafen Gebhard die Treue hielten. Nun plünderten die Truppen der Evangelen. Nur ein knappes Jahr hielt sich Schenck von Nideggen in Bonn, dann fiel es wieder an die Spanier zurück. Der Söldnerführer wurde in Nimwegen gevierteilt.

Das Schicksal des Ex-Erzbischofs verlief vergleichsweise glimpflich. In Straßburg wurde er (evangelischer) Domdechant und starb dortselbst im Alter von 54 Jahren. Sein Grab befindet sich im dortigen Münster. Was aus der schönen Agnes wurde, das hat die Geschichtsschreibung leider nicht überliefert.

Cassius und Florentius

Die Bonner Stadtpatrone sind Gast-Heilige

Eine Stadt, sofern katholisch dominiert, hält sich einen Stadtpatron. Bonn, mit einem Katholiken-Anteil von mehr als 55 Prozent, hat gleich zwei Stadt-Heilige. Viel weiß man nicht über die heiligen Herren Cassius und Florentius, doch man weiß sicher, daß sie nicht vom Rhein stammen. Die beiden sind Gast-Heilige, sozusagen. Cassius und Florentius waren nach der Überlieferung Offiziere der II. Thebäischen Legion aus Theben in Ägypten und sollen in Bonn stationiert gewesen sein. Demnach waren die beiden wohl dunkelhäutigen Männer vom Nil Besatzungssoldaten.

Gestorben für ihren Glauben: Cassius und Florentius, die Bonner Stadtpatrone. Sie waren römische Soldaten

Im 3. Jahrhundert begann das Christentum sich auch am Rhein auszubreiten. Zur Regierungszeit des Kaisers Maximianus wurden römische Soldaten, die ans Kreuz glaubten, zunächst gefoltert, dann ermordet. Der Alleinvertretungsanspruch des christlichen Gottes, der nicht erlaubte, andere Götter neben sich zu haben, untergrub die römische Staatsräson, denn schließlich hielten sich die römischen Kaiser ja für göttlich. Bewiesen ist, daß zu dieser Zeit tatsächlich römische Soldaten, die sich zum Christentum bekannten, hingerichtet wurden. Ob allerdings auch Angehörige der II. Thebäischen Legion den Märtyrertod starben und ob darunter auch die Herren Cassius und Florentius waren, bleibt ungewiß.

Im Jahre 291 sollen die beiden und ein dritter namens Mallusius – dessen posthume Beförderung zum Stadtpatronen aus unerfindlichen Gründen unterblieb – den Märtyrertod gestorben sein am Hang des Kreuzbergs. 515 wurde über ihrer Hinrichtungsstätte eine sogenannte »Mordkapelle« errichtet.

Doch die Gebeine der frommen Offiziere waren zu dieser Zeit schon weg. Die Mutter des römischen Kaisers Konstantin mit dem schönen Namen Helena hatte veranlaßt, die Knochen der Gemarterten zu exhuminieren und auf dem Gebiet des heutigen Münsters würdig bestatten zu lassen. So heißt es. Die Heilige Helena war eine erstaunliche Frau. Ihr wird die wundersame Auffindung des Kreuzes Christi zugeschrieben. Sie beeinflußte ihren Sohn Konstantin, 313 das berühmte Toleranzedikt von Mailand zu erlassen, das allgemeine Religionsfreiheit zuließ.

Kaiser-Mutter Helena gilt im Rheinland als eigentliche Begründerin der drei »Thebäer-Stifte«, Gereon in Köln – auch benannt nach einem Märtyrer-Offizier –, Viktor in Xanten und des Cassius/Florentius-Stiftes in Bonn, das 691 erstmals urkundlich erwähnt wird. Der Diakon und Abt Giso wird als Chef der Gottesmänner bezeichnet, die die Märtyrer-Kirche betreuen. Die Gründung des Stiftes ist allerdings in keiner Urkunde erwähnt, die Berufung auf die Blutzeugen möglicherweise mit der Konkurrenz der älteren Stifte in Köln und Xanten zu erklären.

Sicher ist, weil durch Grabfunde belegt, daß nur ein paar Jahre nach dem Mailänder Toleranzedikt von 313 sich die ersten christlichen Gemeinden in Bonn gründeten. So hat ein Grabstein aus dieser Zeit die Inschrift »fidelis in pace recessit« – er ging gläubig in Frieden. 1928 wurde unter dem Bonner Münster eine Grabstätte entdeckt und ausgegraben, die ganz dem Stil christlich-römischer Beisetzungsorte für bedeutende Persönlichkeiten entsprach. So gab es dort Tische und Stühle für die Einnahme von Mahlzeiten in der Ewigkeit. Messerscharf schloß man nun, bei dieser Grabstätte könne es sich nur um die letzte Ruhestätte der Stadtpatrone handeln.

Da mußte ein begeisterter Hobby-Archäologe in den 60er Jahren wie ein Spielverderber wirken. Der behauptete, die richtigen Märtyrergebeine lägen noch unter der alten Pfarrkirche in Kessenich. In alten Urkunden steht nämlich, sie seien über der »Gumme« zu finden. In Kessenich heißt heute noch eine Straße nach der Gumme, einem früheren Rheinarm. Kompliziert wird es nun, weil das Münster auch über einer alten Gumme errichtet ist. Der Archäologe Hugo Borger, Direktor der Kölner Museen, sprach ein wissenschaftliches Machtwort: Mit 99prozentiger Sicherheit ist die Grabstätte unterm Münster die der Stadtpatrone.

Das Mittelalter hatte für wissenschaftlichen Streit wenig Verständnis. Am 6. Mai 1166 ließen Erzbischof Rainald von Dassel und der damalige Probst des Cassius-Stiftes, Gerhard von Are, die Grabkammern unterm Münster öffnen und die Gebeine der Heiligen – oder was sie dafür hielten – in kostbare Schreine umbetten. Zwei Jahre zuvor waren die Skelette der Heiligen Drei Könige – oder was man dafür hielt – von Mailand nach Köln über-, richtiger: entführt worden. Und wiederum ein Jahr zuvor waren im Aachener Dom die Gebeine Karls des Großen anläßlich eines (nicht erfolgreichen) Versuchs einer Heiligsprechung ausgestellt worden.

Während sich heute die Städte um die Ansiedlung von potenten Wirtschaftsunternehmen bemühen, sorgten sich damals die Verantwortlichen eben um Heiligen-Ansiedlung.

Der Kult um die Bonner Stadtheiligen begann erst richtig in den Wirren des 30jährigen Krieges, als mehrere Pest-Epidemien Bonn heimsuchten. Am 6. Oktober 1643 wurden die Herren Cassius und Florentius vom Kölner Kurfürsten und Erzbischof Ferdinand von Bayern offiziell zu Stadtpatronen ernannt. Der bayerische Ferdinand stützte sich dabei auf einen Erlaß von Papst Urban VIII von 1630. Dieses Dekret bestimmte, daß der zuständige Bischof bevollmächtigt sei, einer Stadt einen Stadtpatronen zu bestimmen, oder eben zwei, wie im Falle Bonns.

Sehr früh schon wurden Cassius und Florentius von den Bonnern verehrt. Bereits 1619 stiftete der Magistrat zwei Wachslichter zu Ehren der Heiligen. Auf dem ältesten Siegel der Stadt findet sich ein Bild des »Pius Cassius«. Mit Lanze und Schild, über sich als Baldachin die Silhouette des Münsters, schützt er sein Bonn.

1953 wurde die Tradition mit der Kerze wiederbelebt. Seitdem zündet der Oberbürgermeister Bonns Jahr für Jahr am Namenstag des Heiligen-Duos eine mannshohe Kerze an. Sie ist verziert mit dem Stadtwappen. In feierlicher Prozession wird das Wachslicht vom Hauptportal des Münsters in die Krypta getragen, der letzten Ruhestätte von Cassius und Florentius – wie wir der Einfachheit halber unterstellen wollen. Denn: Legenden lassen sich nicht widerlegen.

Im Bonner Münster ruhen die Gebeine der beinahe Heiligen Stadtpatrone

Gerhard Fieseler

Er wollte fliegen und verstrickte sich ins Dritte Reich

Ein kühner Mann mit Sturmfrisur in seiner fliegenden Kiste

Italien im September 1943. Der Diktator Benito Mussolini ist abgesetzt worden und wird in einem Sporthotel auf dem Gran Sasso-Massiv von seinen eigenen Leuten gefangen gehalten. Der deutsche SS-Offizier Otto Skorzeny hat herausgefunden, wo sich der »Duce« aufhält. In der »Illustrierten Geschichte des Zweiten Weltkrieges« schreibt Kurt Zentner: »Am 12. September wird Mussolini befreit. Die deutschen Fallschirmjäger sind mit Segelflugzeugen auf dem Gran Sasso-Massiv neben dem Sporthotel gelandet. Die italienische Bewachungsmannschaft des Duce gibt gleich auf. Nach der Siegesmeldung Skorzenys landet ein Fieseler-Storch neben dem Sporthotel, um Mussolini zu einem Flugplatz zu bringen…«

Der geniale Kunstflieger und Konstrukteur Gerhard Fieseler liebte die Flugschau

Weiter heißt es bei Zentner: »Die Wiese, von der der Fieseler-Storch starten muß, ist nicht eben. Sie fällt steil nach unten ab. Und für die Luft in so großen Höhen ist der Storch ohnehin nicht gedacht. Ist der Start mit dem befreiten Duce an Bord also ohnehin ein lebensgefährliches Unterfangen, so vergrößert Skorzeny die Gefahr noch, indem er partout die selbst unter normalen Umständen nur für zwei Personen gedachte Maschine mit besteigen will. Der Luftwaffenhauptmann weigert sich, den Koloß Skorzeny mit in die Maschine zu nehmen. Aber Skorzeny will unbedingt als der Befreier des Duce in die Geschichte eingehen, und so erklärt er, es sei ›Führerbefehl‹, daß er den Duce sicher zum Führer bringe. Also müsse er notwendigerweise auch mitfliegen. Der Pilot akzeptiert das schweren Herzens und startet. Wie beinahe mit Sicherheit erwartet werden kann, kommt die durch Skorzenys Gewicht überbelastete Maschine in der dünnen Höhenluft und bei der abschüssigen Startbahn nicht frei. Sie stürzt unter den Augen der entsetzten Fallschirmjäger und der italienischen Bewachungsmannschaft in eine Schlucht. Erst kurz vor der Bodenberührung gelingt es dem ausgezeichneten Piloten, den Storch abzufangen und langsam wieder Höhe zu gewinnen.«

Held dieses Berichts ist ein Flugzeug, der Fieseler-Storch, konstruiert von dem Bonner Buchdrucker und Kunstflieger Gerhard Fieseler. Das leichte Flugzeug, das nur extrem kurze Start- und Landebahnen benötigte, war im letzten Krieg Kurier- und Beobachtungsflugzeug, vielen Generälen diente es als fliegender Feldherrenhügel. Dabei war der wegen seines stelzenartigen Fahrwerks »Storch« genannte Flugapparat zu friedlichen Zwecken konstruiert worden von Gerhard Fieseler, der übrigens niemals eine Ingenieurausbildung genossen hatte.

Geboren im rheinischen Ort Glesch als Sohn eines Buchdruckers, sollte Gerhard Fieseler, wie der Vater, die schwarze Kunst Gutenbergs erlernen, um später den väterlichen Betrieb in der Bonner Franzstraße zu übernehmen. Gerhard Fieseler war sieben Jahre alt, als die Brüder Wright 1903 den ersten gesteuerten Motorflug unternahmen. Die Faszination der Fliegerei packte den Jungen und ließ ihn nicht mehr los, ein ganzes langes Leben lang.

Zunächst bastelte er Flugzeugmodelle, dieses Steckenpferd behielt er als Lehrling im väterlichen Betrieb bei und auch noch, als er sich auf das Einjährigen-Freiwilligen-Zeugnis vorbereitete, so etwas wie die Mittlere Reife.

Wie viele junge Männer meldete sich Gerhard Fieseler 1914 bei Ausbruch des Weltkrieges I sofort als Freiwilliger. Er kam zu einer Militärfliegerschule. Es hätte nicht viel gefehlt, und einer seiner ersten Flüge wäre auch sein letzter geworden. Er stürzte ab und mußte für lange sechs Monate ins Lazarett. Doch kaum genesen, setzte er sich wieder an den Steuerknüppel. Er kam an die mazedonische Front, zunächst als Beobachter, dann als Jagdflieger. 19 Luftsiege wurden ihm anerkannt, er wurde Offizier wegen »Tapferkeit vor dem Feinde«. Das war im Oktober 1918, kurz vor Kriegsende.

Mit diesem Doppeldecker tingelte Gerhard Fieseler von Flugschau zu Flugschau. Die Fieseler-Kehre trägt noch heute seinen Namen

Bald danach gab es für den frischgebackenen Offizier nichts mehr zu fliegen, nichts mehr zu kämpfen, nichts mehr zu siegen. Der Krieg war beendet, der Kaiser ins Exil gegangen, das Reich lag darnieder. Der Jagdflieger a.D. entsann sich seines erlernten Berufes als Buchdrucker und kehrte nach Bonn zurück. In Eschweiler bei Aachen erwarb er einen eigenen Betrieb.

Doch er hielt es nicht allzu lange auf der Erde aus. Er war der Droge des Fliegens verfallen. Deshalb verpachtete er 1926 die Druckerei und beteiligte sich mit dem Erlös an den Flugzeugwerken Raab-Katzenstein in Kassel.

Mit einer alten Kriegsmaschine gelang ihm dort der erste Schleppflug in der Geschichte der Fliegerei. Er kaufte ein neues Flugzeug vom Typ »Schwalbe« und tüftelte mit seinen Technikern an einem Spezialvergaser. Kunstflieger wollte er werden – er wurde der erfolgreichste Deutschlands.

In Zürich flog er elf Minuten lang in Rückenlage, führte dabei Loopings, Achter und Schleifen aus. Am 13. Mai 1927 legte er in Rückenlage in 15,24 Minuten die Strecke Köln – Bonn zurück. Das war Weltrekord. Gerhard Fieseler wurde ein Idol für viele flugbegeisterte Menschen. Als erster Pilot der Welt flog er den Looping nach vorn; eine Flugfigur, die »Fieseler-Kehre«, trägt bis heute seinen Namen.

Bonn war stolz auf diesen Mann. Pathetisch heißt es in einem Bericht des General Anzeigers: »Die deutsche Fliegerei braucht Persönlichkeiten, die der Jugend voranleuchten und sie begeistern soll für das Flugwesen.«

Wie viele seiner Kameraden hatte er oft einen mitfliegenden Schutzengel. So schmierte die von ihm konzipierte »Tigerschwalbe« mit ihrem 240 PS starken Motor wegen eines technischen Defektes ab. Der Vogel wurde völlig zerstört, Fieseler kam mit einem Knöchelbruch und ein paar Hautabschürfungen davon. Vier Wochen später ging er wieder in die Luft.

1928 gewann Fieseler gegen Ernst Udet die Deutsche Kunstflugmeisterschaft. Udet wurde später Generalluftzeugmeister und Generaloberst, am 17. November 1941 beging er Selbstmord, er ist das Vorbild für den General Harras in Carl Zuckmayers Theaterstück »Des Teufels General«.

Auch Gerhard Fieseler, der bis 1934 viermal deutscher Kunstflugmeister, zweimal Europa- und einmal Weltmeister wurde, verstrickte sich ins Dritte Reich. Fieseler begeisterte sich für die Machthaber, die ihm alle Möglichkeiten boten, seine Ideen umzusetzen. Er verkaufte die Druckerei und erwarb alle Anteile an der Kasseler Flugzeugfabrik. Zunächst werden dort nur Segelflugzeuge konstruiert. Doch im Juli 1937 präsentiert er das erste Kurzstart- und Langsamflugzeug der Welt, eben den »Fieseler-Storch«. Hundert Meter Wiese reichen für den Start, für die Landung genügt die Hälfte. Mit einer Fluggeschwindigkeit von nur 50 km/h ist die Maschine noch sicher beherrschbar. Tausende von Maschinen mit dem charakteristischen stelzenartigen Fahrwerk verließen die Fabrikhallen des Gerhard Fieseler. Überall wo deutsche Soldaten zunächst siegten und dann verloren, war der Storch mit dem Balkenkreuz zugegen.

1942 verließ die Fi 103 die Fabrikhallen. Doch das war kein Flugzeug mehr, es war eine gesteuerte fliegende Bombe, besser bekannt als V1. Mit dieser Wunderwaffe sollte England in die Knie gezwungen werden.

Fieseler blieb nur noch zwei Jahre Herr im eigenen Unternehmen. 1944 wurde ihm ein Regierungskommissar vor die Nase gesetzt. Nach dem Krieg mußte sich der eigentlich unpolitische, aber wegen seiner Begeisterung für die Fliegerei ins Dritte Reich verstrickte Fieseler bei der Entnazifizierung verantworten. Zunächst wurde er als »Hauptschuldiger« eingestuft, ein Jahr später aber galt er schon wieder als »Entlasteter«.

Mit dem Flugzeugbau war es in Deutschland zunächst vorbei. Fieseler hatte einen neue Geschäftsidee, Fenster stellte er nun her. Und die wurden im sich langsam erholenden Deutschland gebraucht. 1957 zog er sich als Unternehmer zurück, gab sein Vermögen einer Stiftung und sich selbst in Ascona in der Schweiz seinen Erinnerungen hin. Sie erschienen 1979 unter dem Titel »Meine Bahn am Himmel«. Dort hat er sich wohl immer wohler gefühlt als auf Erden.

Der Mann, der dem Tod so oft ins Auge geblickt hatte, starb hochbetagt am 1. September 1987 friedlich zu Hause in Kassel-Wilhelmshöhe an Krebs.

Friedrich Wilhelm Argelander

Die Nächte mit Sternen und Sternchen verbracht

Historiker verbieten sich gemeinhin die Frage nach dem »was wäre, wenn…« Und der Volksmund machte daraus: »Wenn das Wörtchen wenn nicht wär, wär mein Vater Millionär.« Es sei kurz erlaubt zu fragen, was wäre gewesen, wenn Napoleon Preußen nicht besiegt hätte und das Königshaus nicht hätte nach Memel flüchten müssen? Oder was wäre gewesen, wenn der preußische Kronprinz in Memel nicht Quartier genommen hätte im Hause des wohlhabenden Kaufmanns Johann Gottfried Argelander? Dann wäre Bonn um 324 198 Sterne ärmer.

Doch der preußische Kronprinz Friedrich Wilhelm, damals 12, nahm im Jahre 1807 Quartier bei den Argelanders in Memel, und er schloß Freundschaft mit dem in jenem Jahr achtjährigen Friedrich Wilhelm Argelander. Dieser Freundschaft zwischen Kronprinz und Kaufmannssohn verdanken wir eine Durchmusterung, die nichts mit dem preußischen Militärwesen zu tun hat, die aber Bonn bei den Sternenguckern in aller Welt zu einem Begriff gemacht hat, selbst bei denen, die nicht mal wissen, wo Bonn liegt.

Der spätere König Friedrich Wilhelm IV von Preußen sorgte nämlich dafür, daß sein Untertan Argelander über viele, viele Jahre die Nächte mit Sternen und Sternchen verbringen konnte. Seine »Bonner Durchmusterung«, die Aufzeichnungen dieses Himmels-Voyeurs, sind heute noch Arbeitsgrundlage der modernen Astronomie.

Der junge Mann aus Memel wuchs in einer Zeit des Aufbruchs und ungeheurer Fortschrittgläubigkeit auf. Die erste industrielle Revolution brach an in Europa. Die Dampfmaschine machte Eisenbahn und Dampfschiffe möglich. Naturwissenschaftler wie Alexander von Humboldt, Philosophen wie Schopenhauer und Hegel akzeptierten die Grenzen des herrschenden Denkens nicht mehr. Der junge Student der Astronomie Argelander kannte nur eine Grenze, die der Unendlichkeit des Alls. 1820 war er Assistent an der Königsberger Sternwarte geworden, acht Jahre später Observator an der Sternwarte Abo in Finnland, dort wurde er auch Professor.

1837 erhielt Argelander einen Ruf an die Universität Bonn als Ordinarius für Astronomie, er sollte dort die wissenschaftliche Oberleitung für die zu errichtende Sternwarte übernehmen. Der König selbst billigte die Baupläne, die der Universitätsbauinspektor Peter Joseph Leydel entworfen hatte, ließ sie aber durch seinen Baumeister Schinkel korrigieren. Der auch heute kaum veränderte Bau an der Poppelsdorfer Allee ist markant. Ein rechteckiger, nur zweigeschossiger Mittelbau wird von einem runden Beobachtungsturm überragt. Drei Flügeltüren mit vier äußeren Ecktürmen geben dem schmucklosen Bauwerk ein fabrikartiges Aussehen.

Argelanders Sternwarte, entworfen von Peter Joseph Leydel, korrigiert von Karl Friedrich Schinkel

Am 10. August 1845 weilten Seine Majestät König Friedrich Wilhelm IV in Bonn, um am Beethovenfest teilzunehmen. Bei dieser Gelegenheit besichtigte er auch den Bau der Sternwarte seines Jugendfreundes Argelander Ein Jahr nach der Visite war die Sternwarte fertig.

Als der stolze Hausherr Argelander einzog, hatte er erhebliche Sorgen, er fürchtete, die 1844 fertiggestellte Eisenbahn Köln – Bonn könne seine Sternenguckerei durch die von ihr ausgelösten Erschütterungen beeinträchtigen. Doch die Eisenbahn erschütterte die Sterne nicht.

Sieben Jahre lang, von 1852 bis 1859, verbrachten Argelander und seine beiden Mitarbeiter Krüger und Schoenfeld ihre Nächte mit den Sternen. Sie betrieben die BD, die »Bonner Durchmusterung« des Sternenhimmels der nördlichen Halbkugel. Exakt 324 198 Sterne, ihr Standort und ihr Helligkeitswert wurden festgehalten und auf 40 Karten notiert. Für Astronomen ist die BD das, was das KV, das Köchelverzeichnis der Mozartwerke, für Musikfreunde bedeutet.

Als Argelander geboren wurde, gab es nicht einmal Sternenkarten, wie sie heute in jedem besseren Schulatlas zu finden sind. Argelanders geduldige Fleißarbeit regte dann auch andere Astronomen an, gleiches zu tun. Seine Durchmusterung des nördlichen Sternenhimmels begründete den Ruf der Bonner Universitäts-Sternwarte. Die BD ist heute noch in den großen Sternwarten aller Erdteile eine Arbeitsgrundlage für die Himmelsbeobachtung. 1966 erschien die vierte Auflage des Argelander-Werks, völlig unverändert.

Mit welch einfachen Mitteln Argelander die Durchmusterung durchführte, nötigt heute noch Wissenschaftlern Respekt ab. Das Fernrohr, postiert auf einer Säule mit zwei kleinen Rädern, war nur etwa einen Meter lang. Als der Direktor des Harvard Observatory aus den USA vor einigen Jahren Argelanders Fernrohr sah, staunte er: »Das ist das kleinste Fernrohr der Welt, mit dem das größte astronomische Werk geschaffen wurde.«

Argelanders Verdienste um die Wissenschaft wurden vom Nachfolger seines Jugendfreundes auf dem Thron, Wilhelm I, anerkannt. 1874 wurde Argelander in den Orden Pour le Mérite aufgenommen, ein Jahr später, am 17. Februar 1875, starb er in seiner Wahlheimat Bonn. Aber für die Astronomen ist er dank seiner »Bonner Durchmusterung« unsterblich. Denn 324 198 Sterne lügen nicht.

Mit diesem einfachen Fernrohr gelang Argelander die Bonner Durchmusterung

Joseph Hubert Reinkens

Der Bischof und die Pfeife

Das deutsche Kaiserreich, gezeugt von Otto Bismarck, lernte gerade laufen, als ein französischer Journalist namens Victor Tissot es bereiste. Überall suchte er antipreußische Stimmungen; die zu finden, war in den Rheinlanden nicht besonders schwierig. Aus Bonn wußte Monsieur Tissot zu berichten, ein Bischof namens Reinkens habe 600 000 Franken von der Regierung bekommen, »um ein Geschäft für eine neue Religion zu eröffnen«. Aber die nötige Sympathie habe er im Rheinland wohl doch nicht, denn sein Konterfei sei auf keiner einzigen Tabakspfeife aus Porzellan abgebildet, »was in Deutschland als erste Stufe des Ruhmes gilt«.

Was heute ein Idolkopf auf dem T-Shirt, das war damals der Kopf auf dem Pfeifenkopf. Tissot, der Journalist aus dem Nachbarland, berichtete von angeblichen amourösen Abenteuern des Bischofs und sorgte damit für einen handfesten Skandal im neuen Deutschen Reich. Dabei war er wohl falschen Informationen aufgesessen. Denn besagter Bischof Reinkens klagte gegen die »Deutsche Reichszeitung«, das Blatt der katholischen Zentrumspartei, das als erstes von den Geld- und Sexstories um ihn berichtet hatte. Reinkens obsiegte in dem Verleumdungsprozeß.

Katholische Presse im Kampf gegen einen Bischof? Wie das? Die Erklärung liefert der Kulturkampf, den Bismarck gegen die katholische Kirche angezettelt hatte. Auf dem Spielbrett des Reichsgründers war Bischof Reinkens nur eine Schachfigur, er war nämlich nicht Bischof der römisch-katholischen Kirche, sondern der Alt-Katholiken, und zwar deren erster – also ein Gründungsbischof. Am 4. Juni 1873 war er gewählt, am 11. August 1873 geweiht worden. Zwar blieb die Kirche der deutschen Alt-Katholiken immer eine kleine Minderheit – 15 000 bekannten sich damals zu ihr, 15 Millionen zur Papst-Kirche von Rom – doch gekämpft wurde mit allen Tricks und Finessen, so als ob Bischof Reinkens ein neuer Luther sei.

Auslöser der Abspaltung war das Dogma von der Unfehlbarkeit des Papstes, beschlossen und verkündet auf dem I. Vatikanischen Konzil. Am 18. Juli 1870 nahmen die in Rom versammelten Kirchenmänner mit 553 zu 2 Stimmen die dogmatische Konstitution »Pastor Aeternus« an. Ihre wichtigsten Bestimmungen: Der Heilige Vater in Rom ist als Nachfolger von Petrus das Oberhaupt der Kirche, und alle Entscheidungen, die er in dieser Eigenschaft – ex cathedra – trifft, können nicht falsch sein. Trotz mancher Proteste unterwerfen sich die Bischöfe brav bis heute.

Viele Katholiken tun sich schwer, das Unfehlbarkeitsdogma zu akzeptieren. Zu denen, die offen rebellieren, gehören die Bonner Kirchenrechtler und Historiker Ignaz von Döllinger, Aloys Schulte und Joseph Hubert Reinkens. Im Hotel »Europäischer Hof« in Königswinter treffen sich am 14. August 1870 angesehene Bürger des Rheinlandes mit den Bonner Professoren und stellen in einer Protestnote fest, das Unfehlbarkeitsdogma stehe »mit dem überlieferten Glauben der Kirche in Widerspruch«.

Reinkens, am 1. März 1821 in Burtscheid bei Aachen geboren, hatte in Bonn studiert und war 1853 in Breslau Professor für Kirchengeschichte geworden. Weil er als Anführer der Bewegung der Unfehlbarkeitsgegner galt, wurde er 1872 von Rom exkommuniziert. So erging es auch den Theologie-Professoren der Bonner Uni Bernhard Josef Hilgers, Franz-Peter Knoodt, Joseph Langen und Franz Heinrich Reusch. Nachdem die Kirchenspaltung nun perfekt war, machten die Alt-Katholiken ihre eigene Kirche auf.

In St. Cyprian an der heutigen Bonner Adenauerallee sieht man, wenn man aus Richtung Koblenzer Tor kommt, einen viereckigen, okkerfarbenen Turm mit drei vertikal aufgehängten Glocken, die Turmspitze wird von einem schlichten goldfarbenen Kreuz geziert. Das ist die Gründungs- und Bischofskirche der Alt-Katholiken.

Anders als die Römische Kirche wählen die Alt-Katholiken Pfarrer und Bischöfe selbst. Die Geistlichen unterliegen nicht dem Zölibat, dürfen also heiraten – was aber ihr erster Bischof nicht tat. Anders als die Römische Kirche kennen die Alt-Katholiken auch keinen Reliquienkult, sie lehnen Ohrenbeichte und Rosenkranz ab und wenden sich gegen die Heiligen- und Marienkulte.

Geweiht wurde Reinkens von Bischof Heykamp von Deventer im holländischen Rotterdam. Bischof Heykamp gehörte zur Utrechter Kirche, die sich 1723 von Rom getrennt hatte, weil die Holländer ohne päpstliche Zustimmung einen Erzbischof ernannt hatten. Die Niederländer waren also damals schon antirömisch eingestellt. Nun also stand Reinkens in

Bezweifelte des Papstes Unfehlbarkeit und machte eine eigene Kirche auf: Altkatholik Reinkens

der direkten Nachfolge der Apostel, ein »gleichgestellter Hirte«. Der Papst wurde nur als »Primus inter pares«, erster unter gleichen, akzeptiert.

Wäre nicht im fernen Berlin ein Reichskanzler Bismarck gewesen, der den nach seiner Auffassung zu großen Einfluß der römischen Kirche energisch bekämpfte und den vielbeschriebenen Kulturkampf auslöste, wäre die Abspaltung der Alt-Katholiken niemals so aufregend gewesen. Doch da man im Rheinland traditionell – erst recht seit dem Wiener Kongreß, als die Rheinlande zu Preußen gekommen waren – antipreußisch eingestellt war und dabei gut katholisch, verliefen die Fronten so: Wer, wie die Alt-Katholiken, gegen Rom war, wurde verdächtigt, für Preußen zu sein, wer gegen Pius IX war, mußte also für Bismarck sein. Gut ist dies den Alt-Katholiken nicht bekommen.

Der Historiker und Reichstagsabgeordnete Heinrich von Sybel erzählte gerne eine bezeichnende Geschichte, die passiert sein soll, nachdem in Preußen die staatliche Schulaufsicht eingeführt worden war. Ein rheinischer Schulrat fragte ein kleines Mädchen in Bonn: »Wie heißt denn unser Kaiser?« Das Kind stotterte: »Pi...Pi...Pius.« Gemeint war Pius IX. Ob die Geschichte sich so zugetragen hat oder nur gut erfunden ist, sie bezeichnet das Klima der damaligen Zeit. Die Alt-Katholiken, im Glaubenskampf gegen Rom, lehnten sich an den preußischen Staat an. Es gab Berichte, nach denen sich Bürger, die zu den Alt-Katholiken übertreten wollten, dies in Gegenwart des Polizeicommissarius auf den Rathäusern tun konnten »gemäß dem zwischen Regierung und Bischof Reinkens abgeschlossenen Vertrag«.

Die politische Organisation der deutschen Katholiken, die Zentrumspartei, und ihre als »Kaplanen«-Presse gescholtenen Blätter führten einen Zweifrontenkrieg, gegen Bismarck und »seine« Katholiken. Ein Kampf, bei dem manchmal die Verhältnismäßigkeit übersehen wurde. Denn selbst auf dem Höhepunkt des Kulturkampfes liefen maximal ein Promille der Katholiken zu den Alt-Katholiken über. Wer weiß, vielleicht wären es mehr gewesen, wenn sich Reinkens und seine Mitstreiter nicht so eng an die Regierung angelehnt hätten, wenn ihre Kirche nicht als »Bismarcks Katholiken« gegolten hätte. Bischof Reinkens persönlich ließ sich niemals irre machen im Glauben an den seiner Ansicht nach richtigen Glauben, er überstand Anfechtungen und Presse-Skandale.

Er starb, als sich die Wogen bereits geglättet hatten, am 4. Januar 1896 kurz vor Vollendung seines 75. Lebensjahres, hochgeachtet von seinen Alt-Katholiken, in Bonn.

Doch anders als bei seinem Mitstreiter Aloys Schulte konnten sich die Bonner Stadtväter und -mütter bisher nicht entschließen, eine Straße, und sei sie noch so klein, nach ihm zu benennen. Vielleicht hat das was mit der Anti-Preußen-Haltung zu tun, die es nach wie vor in Bonn gibt.

Wilhelm Levison

Der jüdische Professor, bei dem Goebbels hörte

Der bekannteste Student des Historikers Wilhelm Levison war auch der berüchtigtste: Joseph Goebbels, der es zum Propagandaminister des Dritten Reiches brachte. Als der junge Mann mit der Fußbehinderung in Bonn studierte – übrigens mit Hilfe eines zinsfreien Darlehens, das ihm der katholische Albertus-Magnus-Verein gewährte und das er erst 1929 nach einem Urteil des Landgerichts Berlin III in Raten zurückzahlte –, da war er noch kein Rassenfanatiker.

Am 27. Mai 1876 wurde der Familie Levison, die sich als »Deutsche jüdischen Glaubens« verstand und die seit 1681 im Rheinland lebte, ein Sohn geboren. Die Eltern gaben ihm aus Verehrung für den deutschen Kaiser den Vornamen Wilhelm. Wie viele andere jüdische Deutsche wurde der Junge sehr national erzogen, er schloß sich später den Nationalliberalen, seit 1919 der Deutschen Volkspartei an und kämpfte vehement gegen separatistische Bestrebungen im Rheinland.

An der alten Alma Mater, wo er später einer der anerkanntesten und international geachtetsten Historiker für das Mittelalter werden sollte, begann Wilhelm Levison 1894 sein Studium. Sein Gymnasialdirektor Adolf Matthias hatte ihn empfohlen »als den begabtesten Schüler, der mir in der Praxis vorgekommen ist«. Nur ein Semester ging Levison fremd in Berlin, aber dort flammte seine Liebe zum Mittelalter auf, die sein ganzes Leben als Wissenschaftler prägen sollte. Seine Doktorarbeit hatte den Titel: »Die Beurkundung des Civilstandes im Altertum«. Heute noch gilt die Arbeit von 1898 als »methodisch wegweisend«. Die Note hieß »summa cum laude«, mit höchster Anerkennung.

Im gleichen Jahr wie seine Promotionsarbeit erschien auch eine Studie »Zur Geschichte des Frankenkönigs Chlodowech«. Diese Arbeit ließ die Fachwelt aufhorchen. Der Historiker Bruno Krusch, der seit mehr als 20 Jahren an der »Monumenta Germaniae Historica« arbeitete, lud Levison zur Mitarbeit ein. Sie arbeiteten zusammen in Hannover und Breslau. 1903 kehrte Levison zurück nach Bonn. Er habilitierte sich hier mit einer Arbeit über den Bischof Germanus von Auxerre. 32 Jahre blieb er in Bonn, bis die Rassegesetze der Nationalsozialisten seines Ex-Studenten Joseph Goebbels ihn in die Emigration zwangen.

Zunächst arbeitete Levison als Privatdozent, 1909 wurde er Professor. Den größten Teil seiner Forschungsarbeit nahm die »Monumenta Germaniae Historica« ein. Sein Nachfolger auf dem Bonner Lehrstuhl, Prof. Holtzmann, würdigte Levisons Tätigkeit so: »Ihm fiel die Aufgabe zu, in der Masse der kleineren Geschichtsquellen der merowingischen und frühkarolingischen Zeit Ordnung zu schaffen. Es sind das hauptsächlich Heiligenlegenden, in denen vielfach der echte und historisch brauchbare Kern von einem Wust späterer Fabeleien verdeckt ist. Levison hat das mühsame Geschäft der Säuberung dieses Materials geleitet und sich dabei zum besten Kenner des frühen Mittelalters und zu einem international anerkannten Forscher auf dem Gebiet der Hagiographie (Heiligenbeschreibung) entwickelt.«

Einer der besten Kenner des Mittelalters, von den Nazis verfolgt: Prof. Wilhelm Levison

Sein Ruf war international, bereits 1931 hatte ihm die britische Universität Durham (Northumberland) die Ehrendoktorwürde verliehen wegen seiner grundlegenden Arbeiten über das englische Mittelalter. Dies sollte sich später als großes Glück erweisen für Wilhelm Levison.

Denn als 1933 in Deutschland der braune Terror regierte, wurde zunächst einmal der

Name Levison aus der Monumenta getilgt. Veranlaßt hatte das ein Historiker aus dem Forschungsamt des Reichsführers SS Heinrich Himmler. Ein Jude, der die deutsche Geschichte erforscht – das durfte nicht sein.

Doch in Bonn blieb Levison zunächst unbehelligt. Das Sommersemester 1933 bei ihm war sogar überfüllt. Erst als ein Metzger jüdischen Glaubens von den Rüpeln der SA in Bad Godesberg in den Tod getrieben wurde, gingen dem Mittelalter-Forscher über die Gegenwart die Augen auf. Er betrieb von sich aus seine Emeritierung. Die Bonner Universität aber hielt ihn, obwohl Rektor und NS-Dozentenführer sie befürwortet hatten. Erst aufgrund der Nürnberger Rassegesetze mußte Levison am 14. November 1935 gehen.

Merkwürdig, was im Dritten Reich alles inoffiziell geschehen konnte. So bat das Reichsministerium für Wissenschaft, Erziehung und Volksbildung Prof. Levison diskret, er möge doch seinen Nachfolger selbst benennen. Er empfahl jenen schon zitierten Prof. Holtzmann, der auch tatsächlich sein Nachfolger wurde.

In seinem Hause in Bonn arbeitete Wilhelm Levison zusammen mit seiner Frau Elsa, ebenfalls eine promovierte Philologin, weiter an der Monumenta. Er hatte Freunde, die schafften ihm heimlich Bücher nach Hause, an die er sonst nicht gekommen wäre. Denn die Bibliothek der Uni durfte er nicht mehr benutzen.

Doch der als »Reichskristallnacht« verniedlichend in die Geschichte eingegangene Juden-Pogrom von 1938 machte dem Historiker klar, daß Deutschland wieder ins Mittelalter zurückgefallen war. Er emigrierte am 16. April 1939 nach England, die Universität Durham hatte ihm eine Stellung als Honorary Fellow angeboten.

Erst nach dem Kriege erschienen seine Vorträge »England und der Kontinent im 8. Jahrhundert«. Nobel schrieb der verfemte Wilhelm Levison im Vorwort: »Ich würde mir selbst untreu sein, würde ich hier nicht meine alte Alma Mater Bonnensis erwähnen.«

Die Bonner hätten ihn gern zurückgeholt, es gab wohl auch Kontakte über den Kanal. Doch einen erneuten Umzug traute er sich wegen seines angegriffenen Herzens nicht mehr zu. Aber er leistete der Bonner Universität noch zwei Liebesdienste. So bewog er den Nobelpreisträger Thomas Mann, die ihm 1936 aberkannte Ehrendoktorwürde der Universität Bonn wieder anzunehmen. Und Levison verfügte testamentarisch, daß seine umfangreiche Bibliothek zwischen den Hochschulen Bonn und Durham aufzuteilen sei. Am 17. Januar 1947 starb Professor Wilhelm Levison in England.

Seinen früheren Studenten Joseph Goebbels überlebte er um knapp zwei Jahre. Der hatte sich in der zerschossenen Reichskanzlei selbst den Tod gegeben. Seine Studienzeit in Bonn hatte er in seinem Tagebuch so bewertet: »Geistiges Erlebnis von Bonn gleich Null.« Mit Wilhelm Levisons Tod erlosch der deutsche Zweig der Familie, ein Vetter von ihm ist in Theresienstadt umgekommen.

Tag für Tag mußten die Bonner Juden die Hetzparolen des Dritten Reiches lesen

Hermann Wandersleb

Der Mann, der Bonn zur Hauptstadt machte

Niemand hat mehr für Bonn als Hauptstadt getan als Hermann Wandersleb

Der 5. Juli 1948. Im Bonner Stadthaus am Bottlerplatz diskutieren sechs Politiker, ob sie »Ja« sagen soll: Der Bonner Oberbürgermeister Eduard Spoelgen, Oberstadtdirektor Johannes Langendörfer und die Vorsitzenden der Fraktionen im Stadtrat, Peter Stockhausen von der CDU, Franz Heinen von der SPD, Otto Schumacher-Hellmold von der FDP und Josef Sommershof vom Zentrum. Am Vormittag hatte der Leiter der Düsseldorfer Staatskanzlei, Hermann Wandersleb, im Auftrag seines Ministerpräsidenten Karl Arnold die Stadtspitze telefonisch befragt: »Ist Bonn bereit, die verfassungsgebende Versammlung für die drei Westzonen für zwei bis drei Monate aufzunehmen? Antwort bitte noch heute.«

Bonn war zu einem guten Drittel vom Kriege zerstört. Leicht fiel der Versammlung die Entscheidung nicht. Schließlich galt es, 65 Delegierte aus den Parlamenten der damals elf Länder Baden, Bayern, Bremen, Hamburg, Hessen, Niedersachsen, Nordrhein-Westfalen, Rheinland-Pfalz, Schleswig-Holstein, Württemberg-Baden und Württemberg-Hohenzollern, dazu Hilfskräfte und Journalisten aufzunehmen, zu transportieren, zu beköstigen. Eine Aufgabe, die heute jedes mittlere Hotelmanagement lösen könnte, die damals aber, drei Jahre nach Kriegsende, die Tatkraft einer ganzen Stadt erforderte.

Der FDP-Mann Otto Schumacher-Hellmold erinnerte sich, was letztlich den Ausschlag für das Ja der Bonner gab: »Die einhellige Zustimmung zu diesem Plan war bald gefunden, als beiläufig die Bemerkung fiel: Der Parlamentarische Rat wird voraussichtlich auch über den Ort für den Zusammentritt des Bundestages bestimmen. Jetzt steigerte sich die Stimmung. Jupp Sommershof, eine rheinische Frohnatur, immer zu Späßen aufgelegt, warf die Lunte in die Runde: ›Ist doch klar, wir werden Hauptstadt.‹ In sein Lachen über den gelungenen Witz, als der der Einwurf empfunden wurde, stimmten alle belustigt ein.«

Doch wie war der Düsseldorfer Beamte Wandersleb auf Bonn verfallen? Im Frühjahr 1947 hatte er beim Beethovenfest in der Aula der Pädagogischen Akademie Klavier- und Violinkonzerte gehört. Im Herbst dieses Jahres brachte er dort Beamte eines Verwaltungslehrganges unter. Trotz des überall herrschenden Mangels kümmerten sich die Bonner Stadtväter rührend um das Wohlbefinden der Leute. Das gefiel Hermann Wandersleb so gut, daß er Bonn zur Hauptstadt machte – um es grob vereinfacht auszudrücken.

Nicht nur Männer machen Geschichte – wie der Historiker Treitschke meint –, manchmal macht auch der Zufall Geschichte.

Zunächst war Wanderslebs Ministerpräsident Arnold gar nicht so sehr für Bonn, sondern eher für Düsseldorf oder Köln. Doch die Kölner hatten keinen Raum in der Stadt, die Düsseldorfer nölten: Nur wenn es unbedingt sein müsse.

Die Begeisterung der Bonner Stadtväter wurde zunächst nicht von allen Bonnern geteilt. So fürchtete der Rektor der Pädagogischen Akademie Professor Klövekorn, er sei sein schönes Gebäude für alle Zeiten los, wenn sich erst einmal die Politiker breit machten. Eine zutreffende Befürchtung! Doch der Bonner Oberbürgermeister und der Oberstadtdirektor beruhigten den Pädagogik-Professor, es sei doch nur für ein paar Monate.

Es hatten sich noch andere Städte darum beworben, Sitz der Verfassungsgebenden Versammlung zu werden. Frankfurt, Sitz der Nationalversammlung in der Paulskirche vor damals 100 Jahren, gab man die größten Chancen. Aber auch Celle, Karlsruhe, Kassel und Koblenz wetteiferten mit Bonn um die Ehre.

Im Hintergrund zog Konrad Adenauer die Fäden. Nachdem die CDU-Vorsitzenden der drei westlichen Besatzungszonen einig waren, einigten sich die Staatskanzleien der Länder am 13. August 1948 per Telefonanruf auf Bonn als Sitz des Parlamentarischen Rates. Bonn war Adenauer aus einem sehr simplen Grund sympathischer als jede andere Stadt: Es lag nur eine knappe halbe Autostunde entfernt von seinem Haus in Rhöndorf. In anderen Ländern ziehen Politiker in die Hauptstadt, in der zweiten deutschen Republik holte sich der Gründungsvater die Hauptstadt in seine Nähe.

Nachdem die Entscheidung der Ministerpräsidenten-Konferenz mit acht Stimmen für Bonn ausgefallen war – zwei waren für Karlsruhe, einer stimmte für Celle –, begann eine hektische Aktivität. Wie die Bonner anpackten, um ihre Stadt herzurichten, das war so, als ob sie aus der Nachbarstadt Köln die Heinzelmännchen angeheuert hätten.

Oberheinzelmännchen war Hermann Wandersleb. Der quirlige untersetzte Thüringer, geboren am 22. August 1895 in Meiningen, Landrat in Querfurt ab 1927, von den Nazis 1933 abgesetzt, erwies sich als Meister der Improvisation. Sein Reich war damals nicht die Amtsstube in Düsseldorf, er wieselte auf den Baustellen herum, um alles herzurichten.

Wie schwierig es damals war, 200 Leute unterzubringen, zeigt die Quartierbeschaffung für den Regierungschef von Nordrhein-Westfalen. Ein angemessenes Zimmer wurde für Karl Arnold beim Oberrabbiner Leopold aufgetan. Es hatte einen wunderschönen Blick aufs Siebengebirge – aber es gab kein Bett. Damit der Landesvater ruhig schlafen konnte, sprang der Finanzminister ein und beschaffte eine Schlafstätte. Zwei Jahre lang blieb das Bett im Hause des Oberrabbiners, bis der Landesrechnungshof es zurückforderte.

Es gab Schwierigkeiten über Schwierigkeiten: Die Franzosen weigerten sich, Vermittlungsschränke für Telefonleitungen herauszugeben. Die Kölner Oberpostdirektion meckerte, 50 Telefonleitungen seien zuviel für die Pressevertreter, beim Besuch des Briten-Premiers Chamberlain im Jahre des Heils 1938 hätten 15 ausgereicht.

Doch es klappte, irgendwie. Bürgermeister Schumacher-Hellmold beschreibt die Stimmung von damals so: »Ein nie gekannter und nie erwarteter Bürgersinn wurde sichtbar. Bonn, das Weimar des neuen Deutschland. Unfaßbar! Eine ganze Stadt schien beflügelt, geriet in einen Taumel. Die Bürger fieberten dem Zusammentritt des Rates entgegen.«

Am 1. September 1948 war es soweit. Zwei ausgestopfte Giraffen blickten blöde auf die Festversammlung im Museum König, dessen Dach notdürftig gegen Regengüsse abgedichtet

Bonn-Fan Wandersleb (mit Brille) beim Richtfest für den Sitzungssaal des Bundeshauses

worden war. Die eigentliche Grundgesetz-Arbeit wurde in weniger als einem Dreivierteljahr in der Pädagogischen Akademie erledigt. Richard Stücklen, späterer CSU-Bundestagsabgeordneter der ersten Stunde und bis 1990 dabei: »Wenn man daran denkt, daß heute über manches Gesetz zu Detailfragen länger beraten wird, wird die außerordentliche Leistung der Urheber des Grundgesetzes erst vollends deutlich.«

Am 23. Mai 1949 konnte Konrad Adenauer als Präsident des Parlamentarischen Rates das Grundgesetz verkünden. Genau 13 Tage vorher hatte der Rat entschieden: Bonn wird – vorläufig – Sitz von Bundestag, Bundesrat und Bundesregierung. Beworben hatten sich auch Kassel und Stuttgart, zuletzt blieben Bonn und Frankfurt im Rennen, Bonn siegte mit 33 gegen 29 Stimmen. Es war, wie man so etwas später zu nennen pflegte, die »normative Kraft des Faktischen«, die gesiegt hatte. Und daran hatte wieder der Thüringer Kugelblitz Wandersleb gedreht.

Richard Stücklen über den Wettbewerb zwischen Frankfurt und Bonn: »Es entstand zwischen beiden Städten ein hartes, auch nicht immer faires Werben. Der Beauftragte für Bonn war Herr Wandersleb, derjenige für Frankfurt Herr Hilpert. Es wurden Rechnungen aufgestellt, welche Kosten bei der einen und welche bei der anderen Stadt entstehen würden für die notwendigen Maßnahmen der Infrastruktur, die Bauten und ähnliches. Zahlen wurden genannt, die überhaupt nicht stimmten und auch später um ein Vielfaches überschritten wurden.« Ein zeitgenössischer Kritiker zeigt Bonn und Frankfurt im Freistil-Ringkampf.

Als die Entscheidung Bonn oder Frankfurt vom ersten Deutschen Bundestag zu entscheiden war, siegte wiederum Bonn mit 200 Stimmen über Frankfurt, für das nur 176 Abgeordnete votierten. Damit war das rheinische Städtchen am 3. November 1949 endgültig die provisorische Hauptstadt der provisorischen zweiten deutschen Republik.

Doch bald tauchten Gerüchte auf, die Entscheidung für Bonn sei mit zwei Millionen Mark Bestechungsgeldern erkauft worden. Ein eigens eingesetzter Untersuchungsausschuß kam zu dem Schluß, das Gerücht basiere auf einem Witz eines Abgeordneten der »Wirtschaftlichen Aufbauvereinigung«, es sei nichts dran am Korruptionsvorwurf. Auch eine Zuwendung des Bundesfinanzministers Fritz Schäffer an die Bayernpartei, die eine besondere Rolle spielte, sei absolut korrekt erfolgt innerhalb der Wahlkampfkostenerstattung.

Hermann Wandersleb, der Hauptstadtmacher, wurde Staatssekretär im Wohnungsbauministerium, dort der eigentlich starke Mann. Seinem Kopf entsprang das erste Wohnungsbaugesetz im Jahre 1950. Bis zu seiner Pensionierung 1959 blieb er dort aktiv. »Bonnifacius«, der Bonn-Macher, war das genaue Gegenteil eines engstirnigen Vorschriften-Verwalters. Man könnte ihn sich auch als Manager in der Wirtschaft vorstellen, ein Pack-an-Typ. Es war seine Idee, in der Rheinaue einen riesigen Park anzulegen und dorthin für 1979 die Bundesgartenschau zu holen – was er, der am 19. Mai 1977 gestorben ist, aber nicht mehr erlebte. Er war ein Tausendsassa, Begründer der Carl-Schurz-Gesellschaft, Vorsitzender der traditionsreichen Lesegesellschaft, Laienspieler und Büttenredner im Karneval. Im Dezember 1968 ernannte ihn der Rat der Stadt Bonn zum Ehrenbürger. In der Urkunde wird das so begründet: »Wegen seiner Verdienste um Bonn als Bundeshauptstadt.« Hauptstadt der Bundesrepublik Deutschland blieb Bonn gut vier Jahrzehnte lang bis zur Vereinigung der beiden deutschen Staaten am 3. Oktober 1990. Anschließend ging der Streit los, ob die alte und neue Hauptstadt Berlin auch Sitz von Regierung und Parlament sein müsse.

Drusus

Bonns Gründer ein Sohn des Kaisers Augustus?

Der erste Bonner, den man namhaft machen kann, ist ein Ausländer. Aber nobelster Herkunft, vermutlich ein Sohn des Kaisers Augustus, ein Kind der Liebe des »Erhabenen«, wie Augustus wörtlich zu übersetzen ist. Drusus Claudius Nero hieß der Mann, der die kleine Siedlung am Rhein, wo sich Kelten und Germanen begegneten, zu einem römischen Kastell ausbauen ließ. Er übernahm den keltischen Namen »Bonna«. Das jedenfalls ist die Lehrmeinung der Historiker, die die Stadt Bonn bei der Begründung ihrer 2000-Jahr-Feier im Jahre 1989 wissenschaftlich unterstützten.

Daß mit diesem »Bonnam«, genannt von dem Historiker Lucius Annaeus Florus im Jahre 115 (natürlich nach Christus), ein anderer Ort gemeint sein könnte (etwa Boulogne), hatte nur eine kleine, radikale Minderheit von Spaßverderbern erwogen, die auch noch die Frechheit besaß, dies öffentlich zu verkünden. Nun, Bonn hat ja mit vielfacher Berufung auf Gründervater Drusus gefeiert. Was mit soviel Aufwand und Geld gefeiert wurde, das muß ja stimmen – oder?

Jener Lucius Annaeus Florus behauptete »Bonnam et Gesoniam cum pontibus iunxit classibusque firmavit« – für die wenigen Nicht-Altsprachler unter den Lesern hier die Übersetzung: »Er verband Bonn und Gensem mit Brücken und machte sie sicher mit Flotten.« Gensem ist eine Flurbezeichnung bei Schwarzrheindorf.

Daß die alten Römer Brücken bauen konnten übern Rhein, beschreibt schon der alte Caesar im »Gallischen Krieg«, daß die Legionen ihr Wesen und Unwesen im Gebiete Bonns trieben in der Zeit um Christi Geburt, beweisen Funde, die im Rheinischen Landesmuseum zu bestaunen sind.

Nur leider hat der alte Drusus – der so jung starb – nicht seinen fälschungssicheren Ausweis in Bonn verloren. Nun denn, es spricht mehr dafür als dagegen, daß Drusus Bonn gegründet hat. Und sein Leben und seine Herkunft ist viel zu aufregend, als das Bonn Drusus einer anderen Stadt gönnen könnte.

Der Schriftsteller Rudolf Pörtner (»Mit dem Fahrstuhl in die Römerzeit«) beschreibt die geheimnisvolle Herkunft jenes für Bonn so schicksalhaften Mannes: »Ein gewisser Tiberius Claudius Nero, Sproß eines altrömischen Adelsgeschlechtes und von seinen Gegnern als ebenso konservativ wie starrköpfig abgetan, heiratete im Jahre 43 v. Chr. seine sechzehnjährige Base Livia, die ihm ein Jahr später, nach gebührlicher Frist, einen Sohn gebar – den späteren Kaiser Tiberius. Im Jahre 39 v. Chr. wurde Livia ein zweites Mal schwanger. Doch nun geschah etwas Merkwürdiges, ja, Unerhörtes.

Das Römer-Lager Bonnensia nach einer Zeichnung von Johann Jakob

Bereits im sechsten Monat guter Hoffnung, verließ sie ihren Gatten und zog zu Octavian, dem nachmaligen Augustus, der zu dieser Zeit, kaum vierundzwanzigjährig, Rom und die westliche Reichshälfte bereits wie ein Prinzeps regierte. In seinem Haus schenkte sie am 14. Januar 38 v. Chr. ihrem zweiten Sohn das Leben, eben jenem Drusus Claudius Nero…«

In Rom wurde damals über das »Dreimonatskind« gespottet, als sei es Resultat eines Seitensprungs der Livia mit Octavian. Die Mutter ließ ihren zweiten Sohn zunächst bei dem gesetzlichen Vater Tiberius Claudius Nero aufziehen, und erst als dieser starb – da war Drusus sechs – wurden die beiden Söhne der Livia im Hause des Octavian erzogen.

Der spätere Kaiser Augustus ließ seine beiden Stiefsöhne – von denen Drusus also vermutlich sogar sein leiblicher war – für höhere Aufgaben vorbereiten. Beide Brüder bekamen, wie es damals bei den besseren Kreisen der römischen Gesellschaft üblich war, eine Ausbildung im Kriegshandwerk und in der Verwaltungskunst.

Aus den Überlieferungen geht hervor, daß Drusus ein gutaussehender, sportlicher Mann gewesen ist. Sein Stiefvater betraute ihn mit höheren Verwaltungsaufgaben als Quästor und Prätor. Mit 23 wurde er in den Krieg geschickt gen Norden, gegen jene Menschen, die die

Herrschaft der Römer gar nicht mochten. Danach wurde er für vier Jahre Generalstatthalter in Lugdunum, dem heutigen Lyon.

Zwar hatte Caesar, wie er im »Gallischen Krieg« zum eigenen höheren Ruhme – und den heutigen Schulkindern zur Last – ausführlich beschreibt, Gallien erobert, aber diese Eroberung zu festigen, das war die Aufgabe von Drusus. Wichtig war für den jugendlichen Statthalter die Festigung der Rheinlinie, drangen doch immer wieder Germanen von jenseits des Rheins vor und ärgerten die Römer. Drusus ließ eine große Rheinuferstraße bauen von Basel bis zur Nordsee und den Drusus-Kanal im heutigen Holland.

Eine Volkszählung, von ihm befohlen, sollte die Steuerkraft der Provinz ermitteln. 50 Befestigungen entstanden längs des Rheins – eine davon war Bonn. Ob er das Kastell namens Bonn je betreten hat, wir werden es wohl nie wissen. Denn anders als Caesar hat Drusus keine Autobiographie geschrieben.

Sein strategisches Ziel war es, den Einfluß Roms auch östlich des Rheins auszuweiten. Mit einer Flotte drang er zur Weser und zur Ems vor. Mit seinen Legionen gelang es ihm im Jahre 9 v. Chr. sogar bis zur Elbe vorzustoßen. Dort soll ihm ein Riesenweib erschienen sein – so will es die Legende – und ihm zugerufen haben: »Bis hierher und nicht weiter.«

Tatsächlich, weiter kam er nicht. Er stürzte vom Pferd und brach sich den Oberschenkel, daraus entwickelte sich ein Wundfieber. Drusus lag im Sterben, als sein Bruder Tiberius eintraf, dem er das Kommando über die Legionen übertrug. Der alte Römer Drusus starb jung, nicht mal 30 Jahre alt.

Seine Soldaten errichteten ihm ein Denkmal in Mainz und ehrten ihn mit einer Trauerparade, die alle Jahre an seinem Todestag wiederholt wurde. Die Leiche des Drusus wurde nach Rom überführt und auf dem Marsfeld beigesetzt. Man errichtete ihm einen Triumphbogen, er erhielt den Heldennamen »Germanicus«.

Wäre doch schade, wenn er es nicht gewesen wäre, der Bonn gegründet hatte!

Adolf Heuser

Der 40jährige Tod eines Boxers

Genau zweieinhalb Druckzeilen lang war die Zeitungsmeldung vom 22. November 1988. Ihr Wortlaut: »Boxen: Der frühere Europameister Adolf Heuser ist im Alter von 81 Jahren in Bonn gestorben.« Doch eigentlich war das, was den Menschen Adolf Heuser ausmacht – Fühlen und Denken – schon 40 Jahre vorher gestorben. Nach einem Showkampf, den er aus purer Geldnot akzeptiert hatte, war er 1948 k.o. gegangen, lange blieb der einstige Superstar des Boxsports in tiefster Bewußtlosigkeit. Als er wieder aufwachte, stellten die Ärzte schwerste Gehirnschädigungen fest. Traumatische Schädigungen und eine permanente Psychose, so hieß die Diagnose.

Von 1949 bis zum Tode 1988 vegetierte Heuser im rheinischen Landeskrankenhaus. Die Sozialhilfe kam für den einstigen Millionär auf, gelegentlich halfen alte Freunde wie Max Schmeling – der Heuser 1939 nach einem 71-Sekunden-Kampf in Stuttgart auf die Bretter geschickt hatte – mit ein paar Mark. 25 DM verdiente Heuser sich hinzu, wenn er den Boden der anstaltseigenen Schneiderei fegte.

Ostern 1980 beschlossen alte Freunde, ihren Adolf Heuser neu einzukleiden, 1 000 DM an Spenden kamen zusammen, Max Schmeling allein schickte einen Scheck über 500 DM mit einem Schreiben: »Auch ich möchte mich daran beteiligen, Adolf Heuser zu unterstützen. Er war ein großer Sportler und guter Freund von mir.« Da die Freunde ihre Aktion vermarkteten nach dem Motto »Tue Gutes und rede darüber«, berichteten die Bonner Zeitungen groß über die Einkleideaktion. Es war eine traurige, erschütternde Reportage über einen Menschen, der seinen Verstand verboxt hatte.

Der Aufstieg des Adolf Heuser, Sproß einer 17köpfigen Bauernfamilie aus dem Bonner Raum, begann 1929, genau am 2. August. Zuvor hatte er sich als Amateurboxer einen Namen gemacht, war bei den Deutschen Meisterschaften jenes Jahres nur ganz knapp an Walter Neusel gescheitert – damals neben Max Schmeling der bekannteste Faustkämpfer des Deutschen Reichs.

Ein Foto aus großen Tagen: Heuser und Schmeling, die Box-Idole der Nation in den 30er Jahren

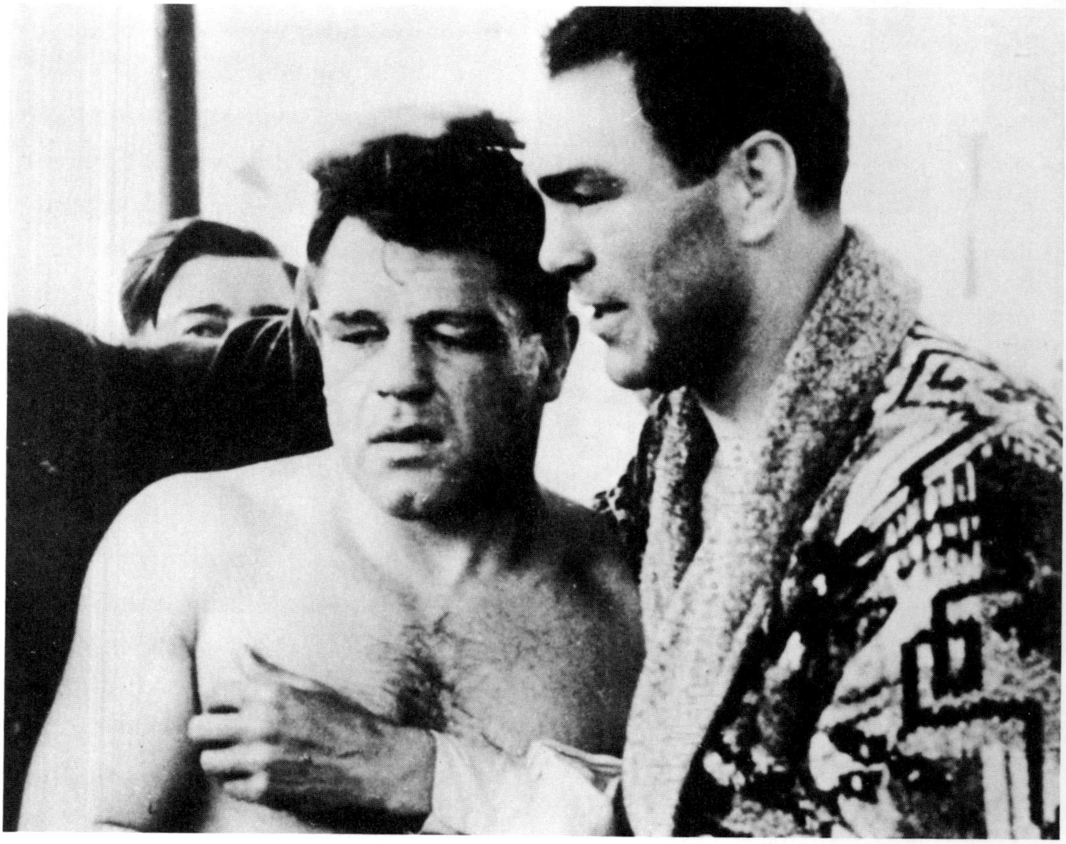

30 Mark bekam Heuser für seinen ersten Kampf als Profi gegen den Belgier Fernand Delarge in Düsseldorf. In der fünften Runde mußte Heuser zu Boden, doch schon als der Ringrichter »sieben« zählte, war er wieder da. Er kämpfte weiter, verbissener als zuvor. Die Zuschauer jubelten: Punktsieg für Heuser.

Trotz einiger Rückschläge – Heuser boxte auf der Siegerstraße. 1933 boxte er in den USA gegen Mexie Rosenbloom, Heuser verlor knapp gegen den Weltmeister im Halbschwergewicht nach Punkten. Weitere Kämpfe folgten in den Staaten. 1935 kehrte Heuser heim ins Reich, um 70 000 Dollar reicher und ein Gesicht ärmer. Denn die harten Kämpfe in den USA hatten ihm schwerste Blessuren zugefügt. Und er kämpfte weiter. Die bekanntesten Boxchampions Europas waren seine Gegner: Karel Sys, Arno Kölblin, Walter Neusel, Adolf Witt und Gustave Roth. Die Gagen stiegen, Hunderttausende nahm er ein, manche sprechen von Millionen – und er gab sie mit vollen Händen wieder aus.

Ein Jahr vor Kriegsausbruch, 1938, war Heuser auf dem Höhepunkt seiner Karriere. Er erboxte sich die Doppel-Europameisterschaft im Halbschwer- und Schwergewicht und zugleich den Weltmeistertitel im Halbschwergewicht. Das hat ihm bis heute kein Boxer nachgemacht.

Im Kriegsjahr 1942 holte sich Heuser den Titel des Deutschen Meisters im Schwergewicht. Fotos zeigen ihn vor und nach dem Kampf. Er mußte immer härter kämpfen, um zu siegen. Die Fotos von 1942 nach dem Sieg zeigen ihn aufs schwerste gezeichnet. Ein Dreifamilienhaus hat er sich bei Bonn erbauen lassen, dorthin kehrte er immer wieder zurück zu seiner Frau, die so lange bei ihm blieb, wie er sich mit seinen Fäusten viel Geld erboxte. Freunde, echte wie falsche, und geldgeile Manager – sie brachten Heuser um die Erträge seiner Arbeit. Sein Haus wurde durch Bomben im Krieg zerstört. Zu Kriegsende war er – wie treffend der Vergleich aus der Boxersprache – am Boden.

Er wollte nicht glauben, was er in den USA über das Schicksal alter Boxer gehört hatte: »They will never come back«, sie werden nie wiederkommen. Er wagte sein Comeback nach dem Krieg. Immer noch zog der Name Adolf Heuser die Box-Fans in die Hallen. Die Veranstalter gaben Ende der 40er Jahre 200 Mark für den einstigen Weltmeister. So auch 1948, als Adolf Heuser zum letzten Kampf antrat. Und er verlor gegen irgendeinen, dessen Name nicht mehr feststellbar ist. Er verlor alles: seine Persönlichkeit, sein Wesen. Es blieb nur noch eine menschliche Hülle, die in das Landeskrankenhaus eingeliefert wurde und dort noch fast 40 Jahre vegetierte.

Manchmal erinnerte sich noch ein alter Freund seiner und lud ihn ein, sich einen Boxkampf anzusehen. Dann saß Heuser, so berichtet der ehemalige Boxer Rudi Schulmeister, am Ring und schaute aufmerksam zu. Boxen – das war das einzige, was sein geprügeltes Gehirn noch aufnehmen konnte.

500 Mark spendierte Max Schmeling seinem alten Kollegen Heuser, der als menschliches Wrack in einem Heim dahinvegetierte

Karl Barth

Ein Schweizer Theologe zeigt, wie man den Nazis widersteht

Bonner war er nur knapp fünf Jahre. Doch in diesen Jahren hat er seinen in der Mehrzahl feigen Mit-Professoren gezeigt, was Zivilcourage bedeutet. Kaum waren die Nationalsozialisten am 30. Januar 1933 an der Macht, setzten sie die Gleichschaltung der Universitäten durch. Die Professoren wurden verpflichtet, den Treueid auf den Führer zu leisten. Dazu war der Professor für evangelische Theologie an der Bonner Universität, Karl Barth, bereit, aber nur, wenn er den Schwur ergänzen dürfe durch den Zusatz: »Soweit ich es als evangelischer Christ verantworten kann«.

Eine gewisse Zeit lang nahmen die Nazis die Unbotmäßigkeiten des schon damals bekannten Mannes hin, der sich zudem weigerte, zu Beginn und zum Ende seiner Vorlesungen den rechten Arm zum Deutschen Gruß zu erheben und dabei »Heil Hitler« zu schmettern.

Als Karl Barth, geboren als Pastorensohn in Basel am 10. Mai 1886, nach Bonn berufen wurde im Jahre 1930, war er schon ein in Theologenkreisen geachteter, aber auch umstrittener Mann. Er war noch Dorfpfarrer in Safenwil im Aargau, als er 1919 einen kühnen »Kommentar zum Römerbrief« verfaßte, in dem er einen unendlichen Abstand zwischen Gott und den Menschen darlegt, der niemals durch Menschenwerk überwunden werden kann, sondern allein durch den Glauben an das Wort Gottes, wie es sich in Christus offenbart hat. Barths Römerbrief-Kommentar gilt als eine der grundlegenden Schriften der »dialektischen Theologie«. Der Schweizer Autor Denis de Rougement vergleicht diese Schrift des damaligen Dorfpastors und Sozialisten Barth mit »einer Revolution, die der des Futurismus, Kubismus und Surrealismus auf anderen Gebieten gleichkam«.

Das Echo in der deutschen Theologie war so groß, daß der Pfarrer aus dem Aargau einen Ruf an die Göttinger Universität erhielt, vier Jahre später lehrte er in Münster, 1930 wanderte er weiter nach Bonn.

Schon im 19. Jahrhundert, kurz nach ihrer Gründung, war die Friedrich-Wilhelm-Universität, obgleich im katholisch geprägten Bonn beheimatet, Schauplatz folgenreicher wissenschaftlicher Auseinandersetzungen innerhalb der evangelischen Theologie. So leugnete der Theologe Bruno Bauer die Geschichtlichkeit der Evangelien, er sah den Ursprung des Christentums in der Gedankenwelt der altgriechischen Philosophen. Dem Marx-Freund Bauer wurde am 29. März 1842 die Lehrerlaubnis entzogen an der Fakultät. Wenn die Geschichte sich wiederholt, wiederholt sie sich als Farce. Sagt Karl Marx. Beim Nachfolger auf Bauers Lehrstuhl Barth traf das zu.

In den ersten Bonner Jahren wurde, wenn denn dieser kühne Vergleich erlaubt ist, Bonn ein Mekka der Theologiestudenten. Alle wollten den Dialektiker Barth hören. Es kam zu Eifersüchteleien anderer evangelischer Professoren, für die war Barth schlicht »ein Roter«. Barth, alles andere als ein Sensibelchen, focht das nicht weiter an. Denis de Rougement über seinen Landsmann: »Groß und robust gebaut, Pfeifenraucher, von schalkhaftem Humor und keineswegs Intellektueller...«

Die ersten drei Jahre in Bonn waren für Karl Barth fruchtbare Jahre. Hier begann er seine auf 14 Bände angelegte, aber unvollendet gebliebene »kirchliche Dogmatik«. Bis kurz vor seinem Tod am 10. Dezember 1968 in Basel arbeitete er daran. In seinem Hauptwerk setzt sich Barth mit den geistigen Strömungen auseinander, die sich auf die Lehre der Bibel auswirken. Diese Arbeit mußte er unterbrechen, als die Nazis an die Macht kamen. Denn nun ist nicht die Theologie der Studierstube gefragt, sondern die Mächtigkeit des Wortes in der Welt. Auch die beherrscht der akademische Gastarbeiter aus der Eidgenossenschaft.

Der Schweizer Theologe Karl Barth lehrte in Bonn, als die Nazis kamen, und predigte Widerstand

Ende Oktober 1933 führt er in Berlin-Dahlem im Hause des Pfarrers Jakob ein freimütiges Gespräch, in dem er seine Glaubensbrüder zum Widerstand auffordert gegen die beginnende schikanöse Behandlung von Juden und gegen die Vorgänge in den KZs. Durch Spitzel erfahren die Nazis von Barths Parolen.

Die evangelischen Christen, sofern sie sich nicht um den »Reibi« genannten Reichsbischof Müller versammelten, der die NS-hörigen »deutschen Christen« formiert, kommen immer mehr in Bedrängnis. Doch Aufmüpfigkeit gegen den Staat, das war eigentlich nie im Konfirmandenunterricht gelehrt worden.

Da treffen sich in den letzten drei Tagen des Mai 1934 in Wuppertal im Stadtteil Barmen als Gäste der dortigen reformierten Gemeinde 140 Abgesandte aus 19 Landeskirchen. Darunter Karl Barth, aber auch der spätere Bundespräsident der Bundesrepublik, Gustav Heinemann. Am 31. Mai verabschieden sie die Barmer Erklärung, die erste grundlegende Äußerung der evangelischen Christen gegen die Totalitäts-Ansprüche eines Staates. Es heißt dort: »Wir bekennen uns angesichts der die Kirche verwüstenden und damit auch die Einheit der Deutschen Evangelischen Kirche sprengenden gegenwärtigen Reichskirchenregierung zu folgenden evangelischen Wahrheiten...« Dann rechnen die aufrechten Männer und Frauen mit den deutschen Christen ab, die in Adolf Hitler einen gottgeschenkten Führer sehen. Außer der Bibel und außer Jesus Christus gebe es keine Autorität, die Kirche dürfe nicht der jeweiligen politischen Ordnung überlassen bleiben. Den totalitären Staat bezeichnet Barth später »als eine Fratze Gottes«, er trete in der Gestalt eines Gottes auf und verlange von den Menschen, was nur Gott von ihnen fordern könne.

Die Barmer Erklärung, das brachten die Spitzel der Nazis schnell heraus, trug die Handschrift des eidgenössischen Eidverweigerers Karl Barth. Am 26. November 1934 wurde ein Dienststrafverfahren gegen ihn angestrengt, wenige Tage vor Weihnachten verfügte die Kölner Dienststrafkammer die Entlassung Barths aus dem Staatsdienst, weil er immer noch nicht bereit war, auf Hitler zu schwören. In der Begründung heißt es wörtlich: »Ob aber nun das, was aufgrund dieser Treue- und Gehorsamspflicht von dem Beamten verlangt wird, im Einklang mit dem Gebot Gottes steht, die Entscheidung liegt nicht bei dem einzelnen Beamten, sondern allein beim Führer selbst, den Gott auf seinen Platz gestellt hat und dem man daher auch das blinde Vertrauen schenken kann und muß, daß er aufgrund seines besonderen Verhältnisses zu Gott nichts von seinen Untergebenen verlangen kann, was Gott verbietet.«

Nun hatte der Theologe Karl Barth von den NS-Juristen es schwarz auf weiß: Hitler war der Stellvertreter Gottes.

Doch so leicht gibt ein Eidgenosse nicht nach. Barth schlug den Rechtsweg im Unrechtsstaat ein und zog vor das Oberverwaltungsgericht Berlin. Oh Wunder, am 14. Juni 1935 wurde die Entlassungsverfügung der Kölner Juristen aufgehoben. Doch ganz ohne Strafe kam Barth nicht davon: 20 Prozent Gehaltskürzung mußte er hinnehmen.

Die braunen Herren des Reichs ließen aber nicht locker. Nur sieben Tage nach dem Urteilsspruch aus Berlin versetzten sie Barth in den Ruhestand – sogar mit Pensionsberechtigung. Begründung: »Der nationalsozialistische Staat kann einen Beamten, der nicht bereit ist, den Eid auf den Führer und Reichskanzler sofort und bedingungslos zu leisten, nicht mehr aktiv weiterverwenden.«

Barth packte die Koffer und zog wieder in seine Heimat Basel. Als der Krieg ausbrach, meldete er sich als einfacher Soldat zur Schweizer Armee. Seine Überzeugung: »Man muß im Namen des Glaubens Widerstand leisten gegen Hitler.« Nach dem Krieg kämpfte Barth für eine menschliche Behandlung des geschlagenen Deutschlands. Doch er predigte nicht nur, er handelte. In den Hungerjahren 1946 und 1947 kam er nach Bonn und las dort evangelische Theologie.

Philipp Joseph von Rehfues

Ein erfolgloser Heiratsvermittler baut die Bonner Uni auf

Es war der Herzenswunsch der Königin Karoline von Neapel, daß eine ihrer Töchter den bayerischen Thronfolger Ludwig heiraten solle. Sie hatte sich während eines Besuchs des stattlichen Bajuwaren am Vesuv stellvertretend für das Fräulein Tochter in ihn verguckt. Dies erzählte die Königin anläßlich einer Visite des späteren preußischen Königs Wilhelm I seinem Stadtführer, einem Herrn mit dem bürgerlichen Namen Philipp Joseph Rehfues. Der durfte den Preußen-Prinzen durch Neapel führen, weil er schon einige Zeit dort wohnte und als landeskundig galt. Eine Bekanntschaft, die sich auszahlen sollte, zwar nicht für Königin Karoline, aber für Herrn Rehfues.

Rehfues reiste zwar in königlicher Kalesche als königlicher Postillon d'Amour nach München, aber der einflußreiche Chef der bayerischen Regierung, Graf Montgelas, hatte andere Pläne mit dem Bayern-Ludwig, als ihn mit der Tochter des Vesuv-Königs zu verehelichen. Herr Rehfues beschloß nach diesem Mißerfolg als Heiratsvermittler, Italien zu verlassen.

Mehr Erfolg hatte der am 2. Oktober 1779 in Tübingen geborene Rehfues als Kreisdirektor von Bonn und später als Kurator der Universität, er war der Motor – so würde man heute sagen, damals gab es so etwas ja noch nicht – der Bonner Hochschule.

Der für die damaligen Verhältnisse weitgereiste Mann, der sich eine gediegene theologische und literarische Bildung erworben hatte, war von dem preußischen Reform-Politiker Freiherr vom und zum Stein – nach der Befreiung der Rheinlande von den Franzosen – zum Kreisdirektor Bonns ernannt worden. Stein hatte Rehfues wegen dessen patriotischer Schriften gegen Napoleon schätzen gelernt. Rehfues' Reisen nach Italien, Spanien und Frankreich wiesen ihn als Mann von Welt aus. Seine Bekanntschaft mit dem dänischen Bildhauer Thorwaldsen, dem Architekten Schinkel, dem Naturforscher Humboldt und anderen Geistesgrößen war eine zusätzliche Empfehlung.

Die Bonner waren, wie auch die übrigen Rheinländer, nicht gerade begeistert davon, daß der Wiener Kongreß sie zu Untertanen des Königs von Preußen gemacht hatte. Doch Rehfues verstand es, für die neuen Herren im fernen Berlin zu werben. Und bei denen machte er fleißig Werbung für Bonn. 1814 verfaßte Kreisdirektor Rehfues die Denkschrift »Ansprüche und Hoffnungen der Stadt Bonn, vor dem Thron ihres künftigen Beherrschers niedergelegt«. Darin warb er für Bonn als Sitz der zu gründenden rheinischen Universität. Die niedrigen Preise, die reizvolle Lage, die bereits vorhandenen Gebäude und die lange Geschichte, alles das spreche für Bonn.

Während der Wiener Kongreß nicht nur tanzte, sondern eine viele Jahre andauernde Friedensordnung für Europa festlegte, kam Napoleon von seiner Verbannungsinsel Elba zurück. Wieder mußten die Alliierten gegen den genialen Korsen zu Felde ziehen. Rehfues wurde beim dritten preußischen Armeekorps Verpflegungskommissar. Dort lernte er den späteren preußischen Kultusminister Karl von Altenstein kennen, eine nützliche Bekanntschaft, wie sich herausstellen wird. Aber er lernte auch, wie man große Massen von Menschen verpflegt. Dieses Wissen nützte ihm bald nach der Niederschlagung Napoleons. Zurück in Bonn, gelang es Rehfues nach einer fürchterlichen Mißernte im Jahre 1816, seine Stadt vor einer Hungersnot zu bewahren. Er hatte rechtzeitig Getreide aufkaufen lassen.

Die Preußen hatten sich endgültig etabliert und eine funktionierende Verwaltung eingerichtet. Doch der Streit, in welcher Stadt denn nun die geplante rheinische Universität errichtet werden solle, war noch nicht entschieden. Die Städte Duisburg und Aachen schieden frühzeitig aus, Köln und Bonn aber stritten weiter, wer denn nun uniwürdig sei.

Da erscheint Goethe im Rheinland. Und er schreibt Freundliches über Bonn: »Wenn die Einwohner von Bonn ihre Stadt zum Sitz einer Universität empfehlen, ist es ihnen nicht zu verargen. Sie rühmen die Beschränktheit ihres Ortes, die Ruhe desselben. Sie beteuern die Achtung, welche dem Studierenden hier zuteil würde als notwendigem und nützlichem Mitbewohner; sie schildern die Freiheit, die der Jüngling genießen würde in der herrlichsten Gegend, sowohl landwärts als rheinwärts und überrheinisch. Diese und ähnliche Gespräche wurden auf der Terrasse des Schloßgartens geführt, und man mußte gestehen, daß die Aussicht von demselben entzückend sei: Der Rhein und die Siebengebirge links, eine reich bebaute und lustig bewohnte Gegend rechts. Man vergnügt sich so sehr, daß man sich eines Versuchs, sie mit Worten zu beschreiben, kaum enthalten kann.« So weit Goethe über Bonn.

Doch als Richter, ob denn nun Bonn oder Köln universitätswürdiger sei, wollte sich der Geheimrat nicht in die Pflicht nehmen lassen. Deshalb fand er auch nette Worte über Köln. Sowohl Köln als auch Bonn, jede Stadt hatte prominente Fürsprecher. Werner Besch, Uni-Rektor von 1951 bis 1983, nimmt an, im fernen Berlin habe sich die Regierung für Bonn entschieden, weil man in Köln »die Übermacht der Geistlichkeit und der Kaufleute, konfessionelle Unduldsamkeit im Blick auf das geplante Nebeneinander zweier theologischer Fakultäten, Bildungsträgheit und Mystizismus« befürchtet habe.

Eine Kabinettsorder vom 26. Mai 1818 bringt dann die Entscheidung: Bonn wird Universitätsstadt, am 18. Oktober des gleichen Jahres unterzeichnet der preußische König Friedrich Wilhelm III die Stiftungsurkunde. Ihm zu Ehren wird die neue Alma Mater Friedrich-Wilhelm-Universität heißen.

Die preußische Regierung bestellt den Oberpräsidenten der Rheinprovinz, Graf Friedrich zu Solms-Laubach, zum ersten Kurator, das heißt, er muß den Aufbau der Universität managen. Die eigentliche Arbeit für den in Köln residierenden Oberpräsidenten aber macht Kreisdirektor Philipp Joseph von Rehfues.

Auch anno dazumal waren Studentenproteste mehr als nur Romantik

Jawohl, *von* Rehfues. Am 17. April 1817 hat er eine gute Partie gemacht. Er heiratete die vermögende Baronesse von Meusebach, die mit den im Siebengebirge gelegenen Gütern Heisterbacherrott, Pfaffenröttchen und Römlinghoven eine ansehnliche Mitgift in die Ehe brachte. Im Zuge der Eheschließung beantragte Rehfues selbst, man möge ihn doch adeln. Was geschah.

Im November 1819 wurde von Rehfues offiziell Kurator. Die Universität hatte mit zunächst zwölf Professoren angefangen, bei denen 47 Studenten hörten. Zwei Jahre später lasen dank der guten Verbindungen des Kurators bereits 36 Professoren, und 626 Studenten hörten zu.

Namhafte Gelehrte zogen an den Rhein: Ernst Moritz Arndt, August Wilhelm Schlegel, Barthold Georg Niebuhr. Doch die Brüder Grimm und der Philosoph Schelling widerstanden dem Werben.

Die Aufbauarbeit nahm Rehfues voll in Anspruch. Er ließ im kurfürstlichen Schloß die Hörsäle einrichten und sorgte für angemessene Professoren-Häuser und Studentenbuden – ein nach wie vor aktuelles Problem. Der alte Bekannte aus dem Frankreich-Feldzug, Karl von Altenstein, war in Berlin Kultusminister geworden, er verfolgte Rehfues' Werk mit Wohlwollen und stattete ihn mit allen Vollmachten aus.

Kaum zeigte die Aufbauarbeit Früchte, entschlossen sich die in Karlsbad versammelten deutschen Minister zur Knebelung aller deutschen Universitäten. Der Dramatiker August von Kotzebue, den man je nach Gusto erzkonservativ oder reaktionär bezeichnen kann, war von dem Theologiestudenten Karl Ludwig Sand ermordet worden. Da Sand einer Burschenschaft angehörte, wurden die Burschenschaften gleich verboten. Im Zuge der dann einsetzenden »Demagogenverfolgung« wurden bei dem Bonner Altertumsforscher Friedrich Gottlieb Welcker und bei Ernst Moritz Arndt Hausdurchsuchungen vorgenommen. Arndt verlor sein Lehramt. Die Studenten beschlossen, ihn mit einem demonstrativen Fackelzug zu ehren.

Rehfues versucht mit väterlicher Strenge die Karlsbader Bestimmungen zu mildern. Es ist eine aufregende Zeit. Manchmal demonstrieren Zehntausende, fordern Presse- und Versammlungsfreiheit. Die Zeitungen melden, die Studenten würden die Laternen mit Steinen kaputtschmeißen. Rehfues stellt sich vor sie. Er schreibt, »daß der Unfug an den städtischen Laternen nicht auf Rechnung der Studierenden allein geschrieben werden darf, indem mir ein Fall angezeigt worden ist, wo Bürger, als sie des abends das Wirtshaus verließen, ihren Muthwillen gleich an der nächsten Laterne ausgelassen haben.«

Rehfues ist hin- und hergerissen. Einerseits ist er preußischer Beamter, andererseits mit dem Leben der Universität vertraut, weiß sehr wohl, daß Gelehrsamkeit nicht durch Kadavergehorsam entsteht. Ein Zeitgenosse beschreibt sein Verhältnis zur Studentenschaft so: »Er stand ihr mit der Skepsis des erfahrenen Weltmannes gegenüber, aber doch so wohlwollend, daß er dem von der Demagogenverfolgung bedrohten burschenschaftlichen Leben nach Möglichkeit stillschweigende Duldung widerfahren ließ.«

Zwei Skandale erhitzen zu Rehfues' Zeit die Gemüter. Der katholische Theologe Georg Hermes erregt Anstoß bei der Amtskirche, Rehfues schlägt sich auf seine Seite. In der evangelischen Fakultät sorgt der vom preußischen Kultusminister Karl von Altenstein höchstselbst empfohlene Philosoph Bruno Bauer für einen Skandal, weil er die Geschichtlichkeit der Evangelientexte in Abrede stellt. Der Freund von Karl Marx verliert 1842 seine Lehrerlaubnis. Was ihn so amüsiert, daß er zusammen mit Marx, der zufällig zu Besuch ist, einen Esel mietet und durch Godesberg galoppiert.

Rehfues macht sich selbst Ärger, indem er schreibt. Keine Akten, sondern Literatur. Seine von Walter Scott stark beeinflußten Werke regen den katholischen Klerus auf. Man stänkert gegen Rehfues. Sein Freund, Kultusminister Karl von Altenstein, ist gestorben. Dessen Nachfolger heißt Johann Albrecht Friedrich Eichborn. Nun gibt es keine schützende Hand mehr für Rehfues in Berlin.

Am 1. Juli 1842 wird Philipp Joseph von Rehfues als Kurator der Bonner Universität entlassen. Er ist verbittert und zieht sich enttäuscht zu Frau und seinen zwei Söhnen auf sein Gut Römlinghoven zurück. Gerne wäre er noch preußischer Gesandter in Rom oder Neapel geworden. Aber man braucht ihn nicht mehr. Am 21. Oktober 1843 stirbt er an einem Magenleiden. Er hat zuviel Ärger in den Aufbaujahren der Bonner Universität in sich hineingefressen.

Wilhelm Egon von Fürstenberg

Der Ehrgeiz des Kardinals zerstörte Bonn total

Der hohe Münsterturm war nur mehr ein trauriger Stumpf, die Westfront der Kirche war zusammengestürzt, der südliche der danebenstehenden Türme lag ganz am Boden, während der nördliche derart zerschossen war, daß er jeden Augenblick zusammenzubrechen drohte...« Dies ist kein Bericht aus dem Zweiten Weltkrieg. Die Schilderung stammt aus dem Jahre des Unheils 1689, als Bonn total zerstört wurde. Das war die Folge des brennenden Ehrgeizes von Kardinal Wilhelm Egon von Fürstenberg, der, koste es was es wolle, Kurfürst werden wollte. Es kostete Tausende von Menschenleben, nur nicht das des Kardinals, der sich rechtzeitig absetzen konnte.

Am 23. Juli 1689 hatten kaiserliche, brandenburgische, münsterische und holländische Truppen um die zur Festung ausgebaute Stadt Bonn einen dichten Belagerungsring gezogen. Am Tag darauf beginnt eine fürchterliche Beschießung. Kurfürst Friedrich III von Brandenburg – der spätere erste König in Preußen – hatte den Befehl dazu gegeben.

Pater Anton Wissing aus dem Minoritenkloster hat in seinem Tagebuch aufgezeichnet, wie das damals war: »24. Juli 1689. Als das Bombardement begann, bin ich vom Abendessen aufgesprungen und in den Garten gelaufen. Während die explodierenden Bomben schrecklich krachten und Pulverqualm die Luft verfinsterte, riefen die Herren, die mit mir gespeist hatten: ›Was ist das für ein Lärm? Wie schrecklich donnert es da!‹ Meine Gäste liefen weg, ich aber lief in den inneren Garten und rief allen zu, sie sollten sich hier in Sicherheit bringen, weil man im Freien die Geschoßbahnen beobachten und ihnen ausweichen konnte... Mittlerweile fielen die Geschosse in solcher Menge und Häufigkeit nieder, als würden sie aus vollen Händen über der Stadt ausgeschüttet. Wir liefen dabei im Garten herum, zwischen Angst und Schrecken schwankend, und glaubten, das Jüngste Gericht sei gekommen.«

Doch es war nicht das Jüngste Gericht, sondern der Anfang eines dreimonatigen totalen Krieges gegen Bonn.

Stadtkommandant ist der tatkräftige französische Baron Alexis Bidal d'Alsfeld, er befehligt zehntausend französische Soldaten, die auf Befehl Louis XIV – des Sonnenkönigs – Bonn halten sollen. Louis ist nämlich mit dem Kurfürsten Wilhelm Egon von Fürstenberg verbündet, der freilich zur Zeit der Bombardierung seiner Stadt bereits das Weite gesucht und gefunden hat als Abt des Klosters St-Germain-des-Près in Paris. Der Sonnenkönig ist gerade dabei, den pfälzischen Erbfolgekrieg zu führen, um die Erbschaft seiner Schwägerin Lieselotte von der Pfalz in den Staat zu holen, von dem er behauptete, der sei er selbst: »L'État, c'est moi.«

Immer mehr Häuser fallen in Schutt und Asche, die Bonner hungern, der Besatzung geht es leidlich. Denn der brandenburgische Kurfürst schickt ritterlich seinem Widerpart Wildbret und Kuchen in die Festung, der revanchiert sich mit Köstlichkeiten, die er den Bonnern genommen hat. Kapituliert wird nicht.

Nach dem Bericht Pater Wissings soll der Besatzer-Baron erklärt haben: »Nimmt man so eine Stadt ein? Zerstört ein Freund seinem Freund die Stadt? Nicht mir hat der Brandenburger geschadet, sondern den unglücklichen Bürgern, deren Häuser zerstört und verbrannt

Der Zweite im Bunde: Franz Egon von Fürstenberg, auch ein Französling

sind. Mir hat er nur genützt, denn ich habe meinen Soldaten erlaubt, alles zu nehmen, was sie wollten...«

Es ist heute nicht mehr zu klären, ob die Bonner mehr unter der französischen Besatzung oder unter der Beschießung gelitten haben. D'Alsfeld erlaubt den Bürgern schließlich, ihre Stadt zu verlassen, freilich dürfen sie nichts mitnehmen.

Ende September wird ein kurzer Waffenstillstand ausgehandelt, der Festungskommandant erwartet neue Befehle von seinem König. Die Bonner, die die Stadt verlassen haben, ziehen hungernd durch das Land, müssen sich als »Franzosenhunde« verspotten lassen. Ende September, nachdem die Allianz gegen Frankreich Mainz erobert hat, trifft Herzog Karl von Lothringen vor Bonn ein und verstärkt den Ring um die Stadt. Anfang Oktober ist die Festung sturmreif. Nach verlustreichen Kämpfen kapitulieren die Franzosen am 12. Oktober 1689. Der Festungskommandant ist schwer verwundet, er stirbt kurze Zeit später. Am 15. Oktober verlassen die geschlagenen Franzosen Bonn – oder was davon übrig geblieben ist.

Schuld an allem war der Abt von St-Germain, jener von Ehrgeiz getriebene Wilhelm Egon von Fürstenberg. Er stammte aus schwäbischem Geschlecht, wurde am 2. Dezember 1629 als Sohn des nachmaligen Generalfeldzeugmeisters der Katholischen Liga im 30jährigen Krieg, Egon Graf Fürstenberg, geboren.

Wilhelm Egon und sein Bruder Franz Egon machten sich am Hofe des labilen Kurfürsten von Köln, Max Heinrich von Bayern, unentbehrlich. Sie setzen eine pro-französische Politik des Kurfürsten durch, ihr Ziel war es, ein Gegengewicht zum mächtigen Hause Habsburg zu bilden.

Die beiden Fürstenberg-Brüder schlossen mit Frankreich im Juni 1658 einen Geheimpakt ab und überzeugten ihren Kurfürsten, dem von Frankreich dominierten »Rheinbund« beizutreten. Vier Jahre später kam es zu einer spektakulären Begegnung des Kölner Kurfürsten Max Heinrich mit Ludwig XIV in Neuss, immer dabei die kurfürstlichen Ratgeber, die Brüder Fürstenberg. Sie sorgten dafür, daß Bonn nach den Entwürfen französischer Baumeister zu einer starken Festung ausgebaut wurde.

1672 fallen französische Truppen in die Niederlande ein, doch Wilhelm III von Oranien kann sie zurückschlagen. Er wird unterstützt von Kaiser Leopold I und vom brandenburgischen Kurfürsten Friedrich Wilhelm.

Seit Juni 1673 wird in Köln über einen Friedensschluß verhandelt, dennoch spitzt sich die Lage zu. Ende Oktober macht der Kurfürst Max Heinrich per Schiff die Mücke und lebt fortan im Kloster St. Pantaleon in Köln. Doch seine Untertanen leiden weiter unter dem Krieg. Im November 1673 wird Bonn beschossen, nach vier Tagen kapituliert die französische Besatzung. Nun sind kaiserliche Truppen die Herren in Bonn. Der Hofkaplan Franz Xaver Trips schreibt ein Gedicht mit dem Titel »Bönnische Thränen«: »O Bonn! O Jammertal! O Zeiten der Unehren! / Muß ich zum Schweinen-Stall mich lassen denn bekehren? / Ach, Bonn kein Bonn mehr ist, / Willst Du es aber haben, / So suche Bonn im Mist, / im Mist ist Bonn begraben...« Daß es 16 Jahre später noch viel schlimmer kommt, ahnt keiner.

In Köln wird, während Bonn leidet, weiter über einen Frieden verhandelt. Da platzt eine Nachricht in die Runde, die alle Gespräche zunichte macht: Kriegstreiber Wilhelm Egon von Fürstenberg ist entführt worden. Es geschah am 14. Februar 1674: Ein Reiterkommando des Kaisers überfällt die Kutsche des kurkölnischen Ministers Wilhelm Egon von Fürstenberg auf dem Weg zu seinem Kurfürsten Max Heinrich, der im Kloster St. Pantaleon residiert. Nach einem kurzen aber heftigen Handgemenge zerrt das Kommando den Minister aus der Karosse und sprengt durch das Hahnentor aus der Stadt. Fürstenberg wird auf Befehl des Kaisers nach Wien gebracht und bis zum Jahre 1679 dort in Haft gehalten.

Das ist selbst für damalige Verhältnisse ein eklatanter Rechtsbruch. Köln ist eine freie Reichsstadt und neutral, der Minister von Fürstenberg genießt die Unverletzlichkeit des Diplomaten, die schon damals geachtet wurde. Der Kongreß wird abgebrochen, der Sonnenkönig setzt seinen Krieg gegen den Kaiser und seine Verbündeten fort. Dieser Krieg wird erst durch den Frieden von Nimwegen Anfang 1678 beendet.

Wäre der entführte Fürstenberg in der Haft verschmachtet, dann wäre er sicher nicht zu jenen berüchtigten Bonnern geworden, zu denen man ihn zählen muß, wiewohl er weniger als ein Jahr Kurfürst war.

Doch der Kaiser ließ Fürstenberg nach dem Nimweger Frieden ziehen. Und er hatte nichts Eiligeres zu tun, als sich nach Köln zu begeben. Sein Ziel: Er wollte selbst Kurfürst werden. 1688 starb der schwächliche Kurfürst Max Heinrich, sein Koadjutor Wilhelm Egon von Fürstenberg übernimmt am 3. Juli handstreichartig die Macht, am 19. Juli wird er tatsächlich mit 13 von 24 Stimmen des Domkapitels gewählt. Sein Gegenkandidat war Joseph Clemens von Bayern.

Der Papst indes scherte sich nicht um das Wahlergebnis. Innozenz XI ernannte den Bayern zum Kurfürsten. Das aber paßte dem Franzosen-König Ludwig XIV nicht. Er wollte unbedingt einen »Französling« haben, einen, der ihm hörig war. Und das war ja erwiesenermaßen Wilhelm von Fürstenberg.

Der zwei Jahre zuvor zum Kardinal erhobene Wilhelm Egon von Fürstenberg ignoriert die Entscheidung seines Chefs, des Papstes. Die Folge: Wieder Krieg. Truppen des vierzehnten Louis ziehen erneut ins Kurfürstentum ein. Der Reichstag von Regensburg erklärt am 15. Februar 1689 Frankreich den Reichskrieg, er wird als »Pfälzischer Erbfolgekrieg« in die Geschichte eingehen.

Kardinal Fürstenberg macht sich nun daran, mit Hilfe des französischen Festungsbaumeisters Choisy Bonn weiter zur Festung auszubauen. Doch am Ende der kurzen Herrschaft des Wilhelm Egon von Fürstenberg war von Bonn nicht mehr viel übrig.

Der französische Weltenbummler Jean DuMont schildert, wie es, immerhin schon drei Jahre nach der Kanonade auf Bonn, hier aussah: »Über Bonn kann ich eigentlich nichts mehr sagen, als daß man gerade hier schon von weitem erkennt, wie sehr Kriege zu fürchten sind. Es ist gar nicht nötig, die Stadt zu betreten, um beurteilen zu können, wie sehr sie gelitten hat. Alles Mauerwerk ist geflickt und an tausend Stellen wie von Wundpflaster bedeckt: Schon dem Vorübergehenden zeigt sich, wie alle Häuser zerstört sind.«

Kardinal Egon Wilhelm von Fürstenberg, der Kurzzeit-Kurfürst, hatte ein gnädigeres Schicksal als seine Residenzstadt. 15 Jahre überlebte er die Zerstörung Bonns. Er starb im April 1704 als Abt in St-Germain. In Bonn erinnert heute eine Fürstenbergstraße an ihn. Ob alle Anwohner wissen, daß ihre Straße nach einem ehrgeizigen Kriegstreiber benannt wurde?

August Macke

Bonn verdankt ihm eine Nebenrolle

Macke zeichnet sich selbst

Das beste Bild im Obernier-Museum war bis vor einem Jahr die Aussicht von der oberen Glasveranda auf das andere Rheinufer und das Siebengebirge. Seitdem man die verdeckt hat, ist überhaupt kein bestes Bild mehr da, nicht einmal ein besseres.« So abfällig schrieb der später hochgerühmte Maler Max Ernst, der seit 1909 in Bonn studierte, über das damalige Bonner Kunstmuseum. Das war in Vor-Macke-Zeiten. Erst dank dem am 3. Januar 1887 im sauerländischen Meschede geborenen, aber seit kurz nach der Jahrhundertwende in Bonn lebenden August Macke spielt Bonn, die Musikstadt, eine Rolle als Stadt der bildenden Kunst, wenn auch nur eine Nebenrolle.

Die Kunstzeitschrift »art« weiß zu berichten: »Sieben Jahrzehnte nach seinem frühen Tod ist August Macke aktuell wie ein Zeitgenosse. Ausstellungen seiner Werke brechen alle Besucher-Rekorde.« Wenn mal eines seiner Bilder verkauft wird, bricht das alle Preisrekorde.

Dank und durch Macke ist nicht mehr die Aussicht aus dem Fenster das beste, was Bonns Kunstmuseum zu bieten hat, obgleich Bonn es nur zum geringen Teil gelungen ist, sich das Erbe dieses Klassikers der Moderne zu sichern.

Im Städtischen Kunstmuseum hängen seine Bilder »Garten am Thuner See« von 1913, die ein Jahr später entstandenen Gemälde »Seiltänzer« und »Türkisches Cafe«, sowie die Werke mit Bezug zu Bonn: »Marienkirche mit Häusern und Schornstein« (1911) und »Kinder im Garten« (1912).

Unmittelbar nach seiner Schulzeit hatte Macke von 1904/5 an der Düsseldorfer Kunstakademie studiert, dort erlernte er zwar das Handwerk des Malers, aber den Stil, den man später expressionistisch nannte, prägte er eigenständig. Wie ein Handwerksbursche ging er nach dem Studium auf Wanderschaft, nach Italien, Holland und Belgien. Er lernte in Frankreich den sieben Jahre älteren Franz Marc aus München kennen, der ihn später für das Künstlerbündnis »Blauer Reiter« gewann, er traf Henri Matisse und Robert Delauney. Kurze Zeit arbeitete er als Bühnenbildner am Düsseldorfer Schauspielhaus, beim Ostpreußen Lovis Corinth in Berlin bildete er sich weiter.

Schon als Student verehrte Macke die schöne Elisabeth Gerhardt, Tochter eines Bonner Fabrikanten. Seiner Angebeteten schrieb er in einem Brief, was er empfand beim Malen: »Ich werfe mich jetzt darauf, große Seelenkämpfe auszudrücken, große Zustände, Stimmungen, das muß voll und ganz mit aller Kraft durchdacht und jeder Farbfleck, jede Linie überlegt werden. Mit einem Wort: Nicht im Süßen, Romantischen (so scharf es Dir klingen mag, verstehe mich nur), sondern in allen gesetzmäßigen Zufällen (denn auch der Zufall ist Gesetz) unseres Lebens such' ich jetzt die Schönheit. Denke an Beethoven; was war er gegen den süßen Mozart; der Titan, der da kämpfte und litt.« Macke beendete diesen Brief aus dem Jahre 1905 so: »Nun sei tausendmal geküßt auf Deinen schönen Mund, Du, Du mein Rätsel aus Fleisch, Dein August.«

Elisabeth Erdmann-Macke nannte Bonn ein Rentnerparadies

Am 5. September 1909 heiratete er das Rätsel aus Fleisch. Die schöne Elisabeth war, wie man so sagt, eine gute Partie, was auf rheinisch so klingt: Das Mädchen hatte wat an d' Föös.

Im Gegensatz zu manchen anderen Fabrikanten, für die Malerei eine brotlose Kunst bedeutet, wurde August Mackes Schwager, Walter Gerhardt, ein vertrauter Freund und Gönner. Der mietete die Villa Agnita, wo die Mackes mit ihrem kleinen Sohn Walter sorgen-

Das Ehepaar Macke mit Sohn Walter, ein Foto von 1912

frei lebten, wenn der Hausherr nicht gerade auf einer seiner vielen Reisen war, um zu malen oder um Ausstellungen zu organisieren, wie die Sonderbundausstellung von 1911 in Köln, zu der Macke die gesamte europäische Kunst-Avantgarde zusammentrommelte.

Die Villa Agnita in Graurheindorf, direkt am Rhein gelegen, hatte alle Tage Haus der offenen Tür für die vielen und immer mehr werdenden Freunde Mackes. Der Kunsthistoriker Walter Cohen schilderte das Leben und Treiben in der 1981 unverständlicherweise abgerissenen Makke-Villa: »Hier hauste das Künstlervölkchen, das in Schwabing oder Friedenau, selbst auf dem Montmartre gewissermaßen Ortsfarbe gewesen wäre, hier jedoch am breit und gemächlich dahinströmenden Niederrhein wie ein Capriccio wirkte.«

Elisabeth Erdmann-Macke schrieb später, sicher verklärt durch die vergangenen Zeiten, in ihren Erinnerungen über die Sommerabende im Garten: »Im Sommer kam abends dort oft eine fröhliche Gesellschaft zusammen. So aus dem bürgerlichen Kreise der kunstliebende Buchhändler Friedrich Cohen mit seiner schönen Frau Hedwig, geborene Bouvier, Lucia, die Schwester von Franz Kiel. Ab und zu kamen auch Paul Adolf Selhaus und aus dem nahen Brühl Max Ernst dazu. Es wurde ein langer Tisch unter den Bäumen, in denen Lampions aufgehängt waren, gedeckt. Für das leibliche Wohl sorgten meist meine Mutter und ich, ebenso Frau Cohen. Wir richteten zu Hause Brote und alles, was zu guten Bowlen nötig war, und ich erinnere mich, daß ich mit den beiden Mädchen meiner Mutter alles in Körben dort hinausschleppte. Dabei durften die holländischen Tonpfeifen, die man in einem kleinen Tabaklädchen kaufen konnte, nicht fehlen. Sie standen in einer langen Vase bereit. Zu später Stunde sang Franz Kiel alte Lieder zur Laute, was sehr schön in diese stimmungsvolle Stunde paßte, wenn man die Lichter von den liegenden Schleppern in den dunklen Wassern des Rheins glitzern sah.«

Buchhändler Cohen war es, der im Sommer 1913 in seinem Kunstsalon Am Hof 30 – dort wo heute die Buchhandlung Bouvier ist – die »Ausstellung Rheinische Expressionisten« möglich machte. Das Plakat, von Macke entworfen, zeigt »einen Phönix, bei dem sich Menschen und Schiffe wohl sein ließen«, so der Bonner Professor Lützeler. 16 Künstler, der Freundeskreis Mackes, präsentierten dort ihre Werke: neben Macke Max Ernst, Heinrich Campendonck, Heinrich Nauen und Helmut Macke, Vetter von August. Die Bonner Heimatforscherin Irmgard Wolf beschreibt die Wirkung der Ausstellung auf das verehrte Publikum so: »Die Reaktion auf das Erlebnis der damals ungeheuren und unerhörten Farbigkeit reichten von Erschrecken bis Ablehnung.«

Insbesondere die intensive, anspringende Farbigkeit der Macke-Bilder irritierte. Denn nur auf den ersten Blick sind seine Bilder »von

Eines der letzten Fotos von August Macke als Soldat im Westen. Er fiel schon 1914

heiterer Daseinsfreude geprägt«, wie oberflächliche Kunst-Sortierer schrieben. Seine Frau sah das differenzierter. Macke habe schwer getragen »an seinem eigenen Glück, an der mannigfachen Schönheit der Natur im kleinsten wie im größten, an dem harten Dahinleben mancher Menschen. Ihn ergriff das alles im Innersten, er litt darunter.«

Einige Zeit nach der Ausstellung im Salon Cohen, die Kunstgeschichte machte, begab sich Macke wieder auf Reisen. Zusammen mit Paul Klee und Louis Moilliet ging es nach Tunesien, dort entstanden 38 in hellen, sehr reinen Farben gehaltene Aquarelle.

Die nächste Reise war seine letzte. In Feldgrau marschierte er nach Frankreich. Das Land, das ihm so viele Anregungen als Künstler gegeben hatte, schickte er sich an, als Offizier zu erobern. So revolutionär der Künstler Macke war, am Sinn dieses Krieges zu zweifeln, das kam ihm nicht in den Sinn. Er fiel als einer der ersten Offiziere des Rheinischen Infanterieregiments 160 in dem kleinen Ort Perthes-les-Hurlus in der Champagne, das war am 2. September 1914. Ein paar Tage zuvor hatte er das Eiserne Kreuz bekommen. Mackes Freund Franz Marc fiel zwei Jahre später vor Verdun.

Mackes Tod zerstreute auch seinen Freundeskreis. Seine Witwe Elisabeth resignierte: »Für bildende Kunst, besonders für Moderne, war der Boden noch nicht bereit.« Ihr Mann hatte seine Meinung über Bonn einst so formuliert: »Dieses Bonn ist eine rechte Rentnerstadt.«

Herbert Wehner

Jahrzehnte lebte er in Bonn – doch Bonner war er nicht

Es war ein seltsames Paar, das in der zweiten Hälfte der 80er Jahre sonntags langsam und vorsichtig zur evangelischen Kirche auf dem Heiderhof in Bad Godesberg ging. Der alte Mann im guten Anzug mit Schlips, untergehakt bei der Frau. Sorgsam erwiderte das Paar Grüße. Immer hatte es den gleichen Platz weit vorn, denn die Frau hörte zunehmend schwer. An manchen Werktagen kutschierte sie ihn im Volvo in die Godesberger Innenstadt. Um ihn dort besser führen zu können, trug sie einen Rucksack für die notwendigen Einkäufe.

Wenn das alte Paar Besuch bekommen hatte, brachte der Mann den Besucher bis zum Gartentor des mit braunem Holz verschalten Flachdachbungalows, winkte stets. Viele kamen zur Visite, manche mit großen und gepanzerten Limousinen. Denn dort am Weißdornweg 124, in einer Gegend, wo mit Vorliebe Bonner Regierungsbeamte ihre mit Mitteln des Beamten-Heimstättenwerkes errichteten Häuser haben, wohnte ein ganz großer, vermutlich einer der fünf bedeutendsten Politiker der Bundesrepublik bis zu seinem Tode am 19. Januar 1990: Herbert Wehner.

Wehner wohnte zwar in Bonn, aber als Bonner verstand er sich eigentlich nicht. Genau wie die anderen. Adenauer war Kölner und lebte in Rhöndorf. Helmut Schmidt war Hamburger von Herkunft und Haltung, hauste mehr in Bonn, als daß er hier wohnte – mit Ausnahme der Jahre, als ihm der Kanzler-Bungalow zur Verfügung stand –, Willy Brandt, Lübecker Weltbürger, baute erst 1989 sein erstes Haus in Unkel, 15 Minuten mit dem Auto von Bonn entfernt. Helmut Kohl flieht Bonn, so oft es geht, und macht sich auf ins pfälzische Oggersheim. Anders als für ihre vielen Zuarbeiter ist Bonn nur für sehr wenige Politiker Heimat geworden.

Auch Herbert Wehner hat sich nie als Bonner gefühlt. Er hat Bonn nicht geliebt und nicht gehaßt, er hat es hingenommen. Eher war er Hamburg zugetan, wo er seinen Wahlkreis hatte – und Dresden.

»Für mich ist Dresden die Stadt«, bekannte der mal als »Onkel«, mal als »Zuchtmeister« titulierte Vorsitzende der SPD-Bundestagsfraktion dem Hofchronisten der FAZ, Walter Henkels.

Herbert Wehner und seine Frau Greta bei einem Empfang mit Bundespräsident Richard von Weizsäcker

Wehner war schon schwer krank, zur Diabetes hatte ihn die Alzheimer Krankheit überfallen, als er seine Heimat besuchen durfte, begleitet von dem Berliner Rechtsanwalt Wolfgang Vogel. Mit dessen Hilfe hatte Wehner viele politische Häftlinge aus den DDR-Gefängnissen herausholen können.

Am 11. Juli 1906 wurde Herbert Wehner in »Elbflorenz« geboren. Der Vater war dort Schumacher, ein musischer Mensch. Der kleine Herbert sang im Chor der evangelischen Erlöserkirche. Aus Protest gegen den Weltkrieg soll er ein Kaiser-Wilhelm-Bild von der Wand genommen haben – berichtet sein Biograph Gerhard Beier.

Lehrer wollte der junge Wehner werden, aber die Eltern konnten das Geld für eine höhere Schulbildung nicht aufbringen. So begann er nach der Mittleren Reife eine Lehre in der Motorenfabrik Hille, er wechselte dann als Angestellter zu Zeiss-Ikon. Da flog er raus wegen kommunistischer Umtriebe.

Mit 17 hatte sich Wehner zunächst der sozialistischen Arbeiterjugend (SAJ) angeschlossen, nur wenige Monate später aber trennte er sich von der Sozialdemokratie des Reichspräsidenten Friedrich Ebert, weil Reichswehr-Soldaten beim Einmarsch in den Freistaat Sachsen in Freiberg ein Blutbad angerichtet hatten.

Doch Wehner fand nicht gleich den Weg zur KPD. Er liebäugelte mit den Anarchisten um Gustav Landauer und Erich Mühsam, die Propaganda der Tat, die faszinierte ihn. Im Hause Mühsams lernte Wehner seine erste Frau Lotte kennen, die später als Lotte Wegner-Loebinger in der DDR eine bekannte Schauspielerin wurde. Die Ehe wurde erst nach dem Krieg geschieden. 1927 trat Wehner in die KPD ein, dort machte er relativ schnell Karriere. Mit aggressiven Reden gegen die Republik machte er im sächsischen Landtag auf sich aufmerksam. Im Frühling 1931 wurde der hoffnungsvolle Funktionär in die Berliner KP-Zentrale berufen. Im Dritten Reich arbeitete Wehner dann illegal gegen das Hitler-Regime. Mit gefälschten Papieren reiste er quer durch Europa, um die Untergrund-KP und die Genossen im Exil im Kampf gegen die Nazis zusammenzuhalten. Wehner war ein wichtiger Mann für die Kommunisten, lange Zeit gingen die Kassiber des im KZ einsitzenden KP-Chefs Teddy Thälmann durch seine Hände.

Dann befahl ihn die Partei nach Moskau. Im berüchtigten Hotel Lux saßen die Exil-Kommunisten zusammen. Voller Angst, wer denn als nächster von Stalins Geheimpolizei abgeholt werden sollte, um auf Nimmerwiedersehen zu verschwinden in Sibirien oder in irgendeinem Massengrab.

Im Exil lernte Wehner viele von denen kennen, die nach dem Zweiten Weltkrieg die Geschichte Europas wesentlich mitbestimmen sollten: Tito und Dimitrow, Wilhelm Pieck und Walter Ulbricht, den Wehner heimlich nur »Wulbricht« nannte. Ulbricht war »ein menschenverachtender und auf erschreckende Art arbeitsbesoffener Mensch«, urteilte Wehner nachher über den Spitzbart.

Die KP schickte Wehner 1941 ins neutrale Schweden. Dort wurde er festgenommen und zu Haft verurteilt. Nach der Entlassung wird er im skandinavischen Königreich geduldet. Hier lernte er einen Rechtsstaat kennen und wendet sich wieder der Sozialdemokratie zu.

Im Exil lernte Wehner auch seine zweite Frau Lotte, geborene Clausen kennen, Witwe eines im KZ umgekommenen Genossen. Wehner heiratet sie, kümmert sich um deren zwei Kinder Jens-Peter und Greta. Greta wurde zur engsten Vertrauten, Sekretärin und Begleiterin Wehners. Nach dem Tode ihrer Mutter heiratete Wehner sie im Jahre 1983.

Nach dem Krieg, inzwischen paß- und mittellos in Hamburg gelandet, bekannte Wehner: »Ich habe zwei große Fehler in meinem Leben begangen, der eine Kommunist geworden zu sein, der andere anzunehmen, daß andere Demokraten bereit sind, das zu verzeihen.«

Als der erste Nachkriegsvorsitzende der SPD, Kurt Schumacher, seinen Genossen Wehner aufforderte, für den ersten Bundestag zu kandidieren, sagte der Ex-Kommunist: »Sie werden mir doch dort von allen Seiten, manchmal täglich, bei lebendigem Leibe die Haut vom Leibe reißen.« Schumachers Entgegnung: »Ja, das werden sie, aber das wirst du auch aushalten!«

So ging Herbert Wehner 1949 nach Bonn in den Bundestag. Der Bundestag, das wurde seine eigentliche Heimat, sein Zuhause. Bis 1983 – 34 Jahre lang – blieb er dort. Bis 1966 war er Vorsitzender des Ausschusses für Gesamtdeutsche Fragen, 1966 in der Großen Koalition Bundesminister für Gesamtdeutsche Fragen, vom 22. Oktober 1969 bis zum 6. März 1983, also während der gesamten Zeit der sozialliberalen Koalition und ein paar Monate nach deren Auseinanderbrechen, war Wehner Fraktionsvorsitzender. Er war der erste, der ins Plenum kam, der letzte, der ging.

Hinter den dürren Daten verbirgt sich ein Leben »wie ein Roman«, so FAZ-Henkels. Für manchen war der brüllende, tobende, in ätzenden Schachtelsätzen redende Mann mit dem schiefen Mund eine Art Gott-sei-bei-uns, ein politischer Kinderschreck. Selbst Genossen fürchteten gelegentlich, seine Auftritte im Parlament oder im Fernsehen könnten Mandate kosten. Für die anderen war er verehrter, manchmal geliebter Zuchtmeister, dem man sich gerne unterwarf, der sich Dinge erlauben konnte, die man niemand anderem nachgesehen hätte.

Der konservative Henkels erhebt Wehner »zum bedeutendsten Sozialdemokraten neben Kurt Schumacher nach dem Krieg«.

Wehners wichtigste Leistung ist sicherlich, daß er mit dem von ihm wesentlich verantworteten Godesberger Programm von 1959 die SPD zur Volkspartei gemacht hat, was letztlich die Voraussetzung für die Regierungsbeteiligung von 1966 war. Die Große Koalition hätte Wehner gerne fortgesetzt, doch Brandt und Scheel einigten sich hinter seinem Rücken auf eine sozialliberale Koalition.

Viele Rätsel im Leben Wehners sind noch nicht gelöst: Wie gelang es 1972 trotz bürgerlicher Mehrheit, das Mißtrauensvotum gegen

Kurze Zeit war Herbert Wehner Minister in der Großen Koalition unter Bundeskanzler Kurt Georg Kiesinger

Bundeskanzler Willy Brandt abzuschmettern? Bis heute ist nicht bekannt, welche Unionsabgeordneten ihrem Kandidaten Rainer Barzel die Stimme verweigerten. »Ich kenne zwei Leute, die das wirklich bewerkstelligt haben«, sagte Wehner in einem NDR-Interview 1980, »der eine bin ich, der andere ist nicht mehr im Parlament.« Mit dem anderen meinte Wehner seinen Parlamentarischen Geschäftsführer, Karl Wienand.

Bis heute nicht ins letzte geklärt ist auch, welche Rolle der »Kärrner« – so Wehners Lieblingsbild über seine Funktion – beim Rücktritt des Kanzlers Willy Brandt tatsächlich gespielt hat. Wehner habe mit Hilfe von Dossiers des Geheimdienstchefs Günter Nollau den Kanzler zum Rücktritt getrieben, wird behauptet. Wehner selbst sagte seinem Lieblingsjournalisten Jürgen Kellermeier vom NDR: »Ich habe erklärt, es gibt keine Notwendigkeit dafür, daß der Bundeskanzler Willy Brandt dafür, was als Fahrlässigkeit bezeichnet worden ist, zurücktritt.«

Aufschluß über den wirklichen Wehner, über das was er dachte, könnten seine zigtausende Aufzeichnungen geben, die er über die Jahrzehnte seines Wirkens hinweg angefertigt hat. Im Keller seines Hauses am Weißdornweg lagerten bis kurz nach seinem Tode Leitz-Ordner, Kartons, Körbe, aber auch nur lose mit Gummis verschnürte Papierstapel. Sie alle waren in der altertümlichen Gabelsberger-Kurzschrift vollgeschrieben.

Wehner hatte vor seinem Tode verfügt: »Alles verbrennen. Niemand ranlassen.« Doch diesen letzten Willen erfüllte Witwe Greta nicht. Sie überließ die Wehner-Papiere der in Bonn residierenden SPD-nahen Friedrich-Ebert-Stiftung. Dort wird der Schatz aufbewahrt und gehütet. Zugang bekommt niemand, es sei denn mit Genehmigung der Witwe. Erst 30 Jahre

nach Wehners Tod sollen die Unterlagen der Allgemeinheit zugänglich gemacht werden. Das wäre am 19. Januar 2020.

Müßte in Kenntnis der Wehner-Aufzeichnungen die Geschichte der Bundesrepublik neugeschrieben werden? Gerhard Jahn, Weggefährte Wehners im Bundestag, antwortet kryptisch: »Ein Historiker wird das sicher als ungehobenen Schatz bezeichnen. Es ist noch nicht alles bekannt, was Wehners Rolle für die Geschichte der Bundesrepublik betrifft.«

Wehner-Biograph Gerhard Beier, einer der letzten, der den sterbenskranken Wehner noch gesehen und seiner Frau beim Aufhängen der weihnachtlichen Lichterkette geholfen hat: »Es gibt immer Leute, die Angst haben, wenn die Wahrheit ans Licht kommt.«

»Urgestein«, so hat Wehner Adenauer genannt. »Urgestein«, so hat man Wehner oft selbst genannt. »Ich empfinde Wehner als sehr hartes Holz, das verletzt ist, wie mit der Axt eingeschlagen«, so hat der Rhöndorfer Maler Ernst Günter Hansing geurteilt, und so hat er Wehner gemalt. Ein Verletzter, der verletzen konnte.

Niemand hat so viele Zwischenrufe im Deutschen Bundestag gemacht und dafür soviele Ordnungsrufe erhalten wie er. 77 Ordnungsrufe sind aktenkundig, 95 hat Wehner selbst gezählt.

Ungezählt die Anekdoten um Wehner, die Wortverballhornungen, die Wehner zugeschrieben werden. Den CDU-Abgeordneten Jürgen Todenhöfer nannte er »Hodentöter«, den Abgeordneten Wohlrabe »Übelkrähe«. Als der damalige Staatsminister Klaus von Dohnanyi das Kabinett mit langer Rede anödete, schimpfte Wehner mit der schon sprichwörtlichen Pfeife im Mund: »Nun ist genug dohnanyiert.« Und als ein SPD-Abgeordneter, dessen vollständiger mit Z beginnender Name aus Höflichkeit verschwiegen sei, sich einst beschwerte, er komme bei namentlichen Abstimmungen immer zum Schluß dran und man solle doch nun mal von hinten beginnen, schimpfte der »Onkel«: »Dann laß' dich doch in Arschloch umtaufen.«

Nein, daß der Besitzer des Bungalows am Weißdornweg 124 ein feiner Herr war, das kann man ihm nicht vorwerfen.

Aber ein kluger, weit vorausschauender, der »Antworten auf Fragen wußte, die wir anderen noch gar nicht gestellt hatten«, so die ehemalige Ministerin Antje Huber.

Ein Beispiel aus dem Jahre 1964. Damals, drei Jahre nach dem Bau der Berliner Mauer, zwei Jahre bevor die SPD Regierungsverantwortung übernahm, sagte Herbert Wehner in einem Interview mit Günter Gaus den Zusammenbruch der DDR voraus: »Es wird fürchterlich enden, das sage ich noch heute. Es wird fürchterlich enden mit einem moralischen Katzenjammer und einer sittlichen Vernichtung derer, die einmal aus ehrlichen Absichten kommunistische oder sozialistische Vorstellungen solcher Art zu realisieren versucht haben.« 26 Jahre später war die DDR am Ende.

Jahrelang bewahrte Greta Wehner die schwarze, prall gefüllte Ledertasche ihres Mannes so auf, wie er sie von seinem letzten Arbeitstag im Deutschen Bundestag mit nach Hause gebracht hatte. Neben vielen Akten, Zeitungsausschnitten, Geschäftsordnungen und Notizbüchern fanden sich darin ein Filzaufnäher aus der DDR »Schwerter zu Pflugscharen« und die täglichen Losungen der Herrnhuter Brüdergemeinde für das Jahr 1983.

Luigi Pirandello

Ein Doktorhut und ein gebrochenes Herz

Es gibt viele Gründe, warum ein Student sich gerade für die Bonner Universität entscheidet, das ist nicht nur eine Frage der hier unzweifelhaften Gelehrsamkeit. Die Bonner Alma Mater hat berühmte und berüchtigte Studenten er- und überlebt. Karl Marx und Joseph Goebbels hörten hier, Paul Heyse und Heinrich Heine, Friedrich Nietzsche und Wilhelm Zwo. Im Falle des Nobelpreisträgers für Literatur des Jahres 1934, des Italieners Luigi Pirandello, wissen wir, warum er in Bonn drei Semester lang studiert hat. Weil er in der Universität von Rom rausgeflogen ist.

Es war ein läppischer Vorfall. Der 1867 als Sohn eines wohlhabenden Schwefelgrubenbesitzers in Sizilien zur Welt gekommene junge Mann hatte es gewagt, im Kolleg des Latinisten Onorato Occioni seinen Professor vor allen Kommilitonen auf einen Fehler bei einer Plautus-Übersetzung hinzuweisen. Der rachsüchtige Professor verwies Pirandello von der Universität.

Er überlegte, wo er sein Literaturstudium fortsetzen könne. Auf Empfehlung des Philologen Ernesto Monaci tat er dies in Bonn und wurde hier von Professor Wendelin Förster – Nachfolger des legendären Romanisten Friedrich Diez – 1889 freundlich aufgenommen. Förster wurde Pirandellos Doktorvater. Bei ihm promovierte er 1891 mit einer Dissertation über »Laute und Lautentwicklung der Mundart von Girgenti«, seiner Heimat. Dem Professor Förster widmet Pirandello seine Doktorarbeit »in dankbarer Verehrung«.

Im Gesamtwerk des italienischen Dichters, dessen Werke sich um die Fragwürdigkeit des Ichs, um Sein und Schein drehen, »sind die Erinnerungen an Bonn nur flüchtige Reminiszenzen«, urteilt das Bonner Literaturwissenschaftler-Duo Doris und Arnold E. Maurer in seinem Buch »Bonn erzählt«. Doch der Dichter Pirandello verklärte bereits 1925 seine Zeit am Rhein. Damals war er zur Premiere seines Dramas »Sechs Personen suchen einen Autor« im Bonner Schauspielhaus wieder hierhin gekommen. Bei dieser Gelegenheit schwärmte der bereits literaturweltweit bekannte Schriftsteller: »Ich schwöre Euch, daß ich mein ganzes Werk, diesen Ruhm, der mir zugefallen ist, hingäbe, um der zu sein, der ich war, mit Euch unsere alten rheinischen Lieder zu singen.«

Es war wohl nicht nur die Erinnerung an das »gaudeamus igitur« aus bierseligen Studentenkehlen, das Pirandello so schwärmen ließ, sondern auch die Erinnerung an seine große Liebe in Bonn, die er schlicht sitzengelassen hatte.

Jenny hieß sie, Lander mit Nachnamen. Sie war die Tochter der Zimmervermieterin, bei der Pirandello zur Untermiete wohnte. Das war in der Breitestraße 37 a, heute Nummer 83.

Zu Beginn seiner Bonner Zeit hatte Pirandello im Hotel am Münsterplatz gewohnt, dann bekam er eine Zwei-Zimmer-Wohnung im Hause des Malermeisters Mohr am Neuthor 1.

Schon hier wunderte sich der an die strengen Sitten Siziliens gewöhnte Pirandello über die rheinische Lockerheit. In einem Brief an seine Schwester Lina schreibt er: »Ferner besuchen mich von Zeit zu Zeit meine zwei jungen Freundinnen Mary und Anna Rismann, zwei Teufelchen aus lauter Feuer, die mir jedesmal mein aristokratisches Zimmer in Unordnung bringen... Die Erziehung hier ist ganz anders, viel menschlicher, das muß man zugeben... Dabei sehe ich ein, daß eine solche Lebensweise sich keineswegs für unsere Städtchen eignen würde, wo die Heuchelei herrscht und die gute Erziehung bei allen Männern fehlt.«

Am meisten wunderte er sich über die Sitten und Unsitten des rheinischen Karnevals: »Alles bis zum Kuß einschließlich ist erlaubt, ohne irgendwelches Vorurteil.«

Im Karneval lernt Pirandello Jenny kennen. In der Beethovenhalle traf er beim Maskenball auf ein Mädchen mit blauer Maske und großem Strohhut: »Um Mitternacht, dem Zeitpunkt wo Demaskierung Brauch ist, war ich höchst erstaunt, in meiner verteufelten Unbekannten eine der strahlendsten Schönheiten zu erkennen, die mir je zu Gesicht gekommen ist. Sie heißt Jenny Lander, ist 20 Jahre alt und die Tochter eines ehrenwerten Offiziers der Bonner Garnison«, so schreibt Pirandello in einem Brief.

Es traf sich gut, daß Jennys Mutter Zimmer vermietete, um die Haushaltskasse aufzubessern. Pirandello zog also ein in das Haus an der Breitestraße als möblierter und verliebter Herr. Er war zwar damals noch in Sizilien mit seiner vier Jahre älteren Cousine verlobt – aber Sizilien war weit und Jenny war jung. In seinen »Elegie renane« – den in Anlehnung an Goethes »Römische Elegien« verfaßten »Rheinischen Elegien« – setzt Pirandello seiner Bonner Braut ein literarisches Denkmal. »Die Gedich-

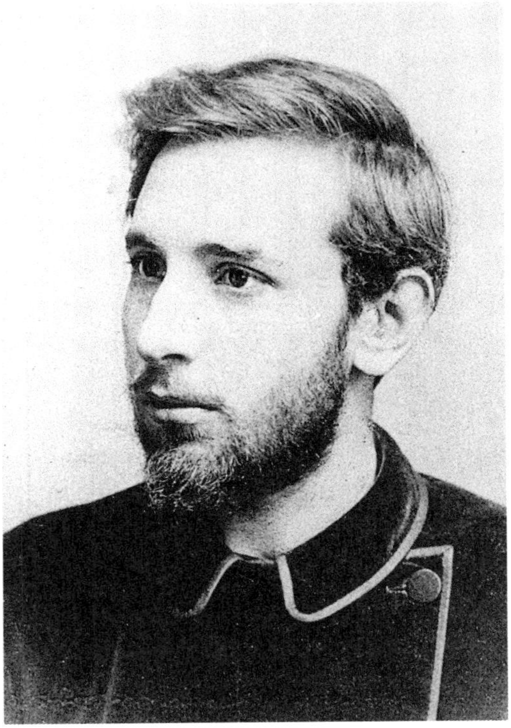

In Bonn lebte und liebte der spätere Literatur-Nobelpreisträger Luigi Pirandello aus Sizilien. Sein Mädchen ließ er hier schnöde sitzen

te, die ich natürlich schrieb, drehten wie Sonnenblumen zum Licht, ihr Gesicht zu Jenny hin«, verrät Pirandello einem Freund.

Doch als seine Doktorarbeit angenommen und das Rigorosum überstanden ist, verläßt Pirandello 1899 seine Sonnenblume, fährt zurück nach Italien – dem literarischen Ruhm entgegen.

Nach dem Ersten Weltkrieg wurde er einer der meistgespielten Dramatiker Europas, sein »Teatro d'arte« machte Theatergeschichte, seine Novellen und Romane werden heute noch häufig gelesen. 1934 erhielt der ehemalige Student der Bonner Universität den Nobelpreis für Literatur.

Jenny, die sitzengelassene Muse, wanderte nur kurze Zeit, nachdem sich der Dottore dünne gemacht hatte, zusammen mit ihrer Mutter nach Amerika aus. Sie soll Erzieherin gewesen sein im Hause von Grover Cleveland, dem Präsidenten der USA in den Jahren 1885 bis 1889 und 1893 bis 1897. Dort soll sie einen Mann namens John J. Nolan kennengelernt und geheiratet haben.

1935 war der frisch genobelte Pirandello auf einer Tournee durch die USA. Jenny wollte ihre Jugendliebe gerne einmal wiedersehen. Doch Pirandello lehnte ab, er wollte – so zitieren Doris und Arnold Maurer den Dichter – »Jenny keinen kahlköpfigen Pirandello vorführen«.

Im Jahr nach seiner USA-Reise und der Verweigerung des Rendezvous mit der Ex-Geliebten starb Pirandello in Rom. Es war der 10. Dezember 1936. Neun Tage später erkannte Pirandellos alte Universität einem anderen Nobelpreisträger für Literatur die Ehrendoktorwürde ab. Es war Thomas Mann.

Paul Spinat

Auch im Luftschloß läßt sich's wohnen

Die Drachenburg – Spinats Traumschloß

An jedem Samstag gegen Ende der 50er Jahre spielte sich auf dem damals noch für den Autoverkehr zugelassenen Theaterplatz in Bad Godesberg das gleiche lärmende Schauspiel ab. Aus Richtung Stadtwald kommend, näherte sich mit lautem Hupen ein offener amerikanischer Straßenkreuzer. Ob es ein Cadillac oder ein anderes Luxusgefährt war, darüber gehen die Erinnerungen der Augen- und Ohrenzeugen auseinander. Ob es Winter oder Sommer war, das Stoffverdeck des Wagens war immer heruntergeklappt, am Steuer saß ein Herr in den besten Jahren, wie man damals so sagte. Auf dem Kopf eine englische Sportmütze, um den Hals einen langen Schal geschlungen, der im Fahrtwind gar lustig wehte.

Doch weniger Herr und Mobil erfreuten das Auge der amüsierten Godesberger, sondern die vier oder manchmal auch fünf wunderschönen Mädchen, deren mal blonde, mal rote, mal schwarze Haare mit dem Schal des Autoeigners um die Wette flatterten. Die hübschen Beifahrerinnen, lässig in die Sitze gelehnt oder auch auf der Rücksitzlehne thronend, warfen Kußhändchen in die Menge, mehrfach umrundete der schwere Wagen das Rondell auf dem Theaterplatz und zischte dann wieder Richtung Stadtwald ab. »Der Paule kann es nicht lassen«, stöhnten die Godesberger amüsiert.

Der Herr am Lenkrad, in den besten Jahren wie gesagt, war Paul Spinat, Unternehmer in der Modebranche. Warum er jeden Samstag dieselbe Show abzog, hat er nie gesagt. Später nannte man ihn freundlich-spöttisch »Putten-Paul«, wegen seiner Vorliebe für das Sammeln von Putten. Er bewies: Man kann auch in Luftschlössern leben.

Geboren wurde Paul Spinat am 3. November 1904 als Sohn eines Postobersekretärs, gestorben ist er am 22. Februar 1989 als Schloßherr der Drachenburg oberhalb von Königswinter, spöttisch das »Neuschwanstein am Rhein« genannt. Er hinterließ eine Witwe, die zwar nicht adlig aber mal mit einem Prinzen von Sachsen verheiratet war.

Schon als achtjähriger Knirps hatte Paul Spinat – zumindest erzählte er das gern – seine Frau Mama bei einem Spaziergang gebeten: »Wenn wir einmal viel Geld haben, dann kaufst Du uns das Schloß.« Damit war die Drachenburg gemeint, die so trutzig aufs Rheintal blickt. Der Bonner Bankier Baron von Sarter hatte sie in den Jahren 1879 bis 1884 in einem Stil erbauen lassen, den man heute »Walt Disneyismus« nennen könnte.

Der Postbeamtensohn Paul wollte also Schloßherr werden, doch zunächst mußte er die Schulbank drücken. Das tat er auf dem angesehenen Aloisius-Kolleg in Godesberg, anschließend begann er ein Jura-Studium. Doch mehr als die Juristerei interessierte Paul Spinat das

Seine Haare waren so wenig echt wie seine Tizians: das ewige Kind Paul Spinat, Schloßherr der Drachenburg

Geld. Einiges davon hatte die Godesberger Sparkasse, dort fing er an.

Es kam der Krieg, und der Bank-Angestellte Paul Spinat wurde Soldat. Das war letztlich sein Glück. Denn gegen Ende des Krieges erfuhr er, wie man im Frieden einen guten Anfang machen könnte. Zusammen mit einem Freund und späteren Geschäftspartner kam er höchst billig an ein riesiges Wehrmachtsdepot, in dem Unmengen bester Stoffe lagerten. Diese Stoffe verkaufte er nach und nach. Da er eine gute Nase hatte, verzögerte er die Lieferung von Tuchballen an die Bundesbahn bis nach der Währungsreform, so daß er nun mit 144 000 DM in gutem Geld seine Nachkriegskarriere in der Modebranche starten konnte.

Noch vor dem Krieg hatte Spinat ein Grundstück erworben, getreu dem väterlichen Motto: »Mach es jetzt, damit du von den Apfelbäumen noch erntest, die du selbst gepflanzt hast.« Auf dieses Grundstück kam seine Klamottenfabrik. Sie rentierte sich gut. »Spitan« nannte Spinat seine Marke, er wollte wohl verhindern, daß sie mit dem grünlichen Gemüse in Verbindung gebracht würde, wie es unweigerlich passiert wäre, hätte er den Familien- zum Firmennamen erkoren.

Das Wirtschaftswunder tat auch auf Spinats Konten Wunder, und nun konnte er sich an die Erfüllung seiner Jugendträume geben. Zunächst einmal baute er sich ein Haus, nicht weit entfernt von der heutigen sowjetischen Botschaft. Dieses Bauwerk im Stil einer Maharadscha-Filmkulisse diente später dem indischen Botschafter eine Zeitlang als Residenz.

Nachdem Spinat seiner Tochter die Firma überschrieben hatte, erwarb er das Schloß Marienfels südlich von Bonn. Doch die Drachenburg, sie blieb sein Traum. Bis 1971, da konnte er den Traum verwirklichen. Da verkaufte ihm das Land Nordrhein-Westfalen das Gemäuer, das mehr eine Ruine als ein Haus war, für 500 000 DM. Freilich mit der Auflage, die Drachenburg wieder instandzusetzen. Sie hatte vielen Zwecken gedient. Bauherr Baron von Sarter hatte nie auch nur einen Tag darin gewohnt. Im Dritten Reich diente sie zunächst der Deutschen Arbeitsfront des Robert Ley, dann als Erziehungsanstalt für Jung-Nazis, anschließend beschlagnahmten die Amerikaner die Burg, später war sie Schulungsheim für Eisenbahner. Als Spinat sie erwarb, hatten Landstreicher und Rowdys das Gemäuer übel zugerichtet.

Mit unglaublicher Zähigkeit kümmerte sich Spinat um die Restaurierung, ließ Handwerker von weither holen und packte häufig selbst mit an. Ähnlich wie der Kölner Dom, so wurde auch die Drachenburg nie ganz fertig. Wenn der Schloßherr endlich meinte, nun sei das Werk vollbracht, mußte etwas repariert werden. Die Drachenburg – ein Millionengrab.

Unbekümmert von Kunstkenntnis oder Stilgefühl möblierte »Putten-Paul« sein Traumschloß mit irgendwo Zusammengetragenem und günstig Ersteigertem. Ein Bett der Drachenburg soll einst der unglücklichen französischen Königin Marie Antoinette gehört haben, versicherte der Schloßherr. Auf einem der vielen Teppiche soll Napoleon geschritten sein. Ein Ölbild gab Spinat gern als echten Tizian aus. Es waren weniger Experten als preiswerte Gelegenheitsarbeiter, die die Wand- und Deckengemälde mit Themen aus der germanischen Mythologie nachpinselten, was man ihnen zwar ansieht, aber was nur wenige zahlende Besucher stört.

Kunstkritiker sprachen abwertend von »kitschigem Sammelsurium«, milder urteilte der Bonner Professor Heinrich Lützeler, er wertete die Drachenburg im Spinat-Stil als »Märchen aus urneuen Zeiten«.

Paul Spinat, der nun in seinem Luftschloß wohnte, fühlte sich als Schloßherr und unerhört »von«. Stolz führte er Besucher durch die Hallen, wußte zu jedem Exponat eine Geschichte zu erzählen, die wahrscheinlich genauso falsch war wie das Haarteil, das der Herr der Drachenburg in den letzten Jahren auf dem Kopf zu tragen pflegte. Doch die jährlich fast 200 000 Besucher, die mühsam den Eselsweg hinaufgekeucht kamen, nahmen an den erfundenen Geschichten keinen Anstoß. Insbesondere die Kinder waren von der Drachenburg begeistert, kein Wunder, war doch ihr Besitzer zeitlebens ein Kind geblieben.

Er tat alles, um ein fürstliches Ambiente zu schaffen. Im großen Schloßpark äste Damwild, auf dem nahegelegenen Gut züchtete Spinat Pferde, die weißen gab er als Lipizzaner aus. Nun fuhr er auch nicht mehr US-Cabrios, sondern ein wahrhaft königliches Auto, einen goldfarbenen Rolls-Royce. Daß er häufig nicht genug Bares hatte, um die immer zahlreicher werdenden Beulen richten zu lassen, nahm er hin.

Die Einnahmen aus der Kasse durch Besichtigungsgebühren, aber auch die Konzertveranstaltungen reichten nicht, um die Burg zu erhalten.

»Putten-Paul« machte nicht nur sich selbst gern was vor, sondern auch seiner zweiten Frau. 1985 hatte er Prinzessin Erina von Sachsen geheiratet. Sie war die Witwe des Prinzen Thimo von Sachsen, Enkel des letzten sächsischen Königs, der nach dem Ersten Weltkrieg seinen Thron verlassen hatte mit der inzwischen klassischen Bemerkung: »Macht doch euren Dreck alleene.« Von der bürgerlich geborenen Witwe des Sachsen-Prinzen erhielt Paul Spinat als Hochzeitsgeschenk den königlich-sächsischen Siegelring – neben dem Bundesverdienstkreuz des Hausherrn eines der wenigen echten Schmuckstücke der Drachenburg. Nach der Eheschließung mit der Prinzessin ließ Spinat sich auf die Türen des Rolls das Sachsen-Wappen montieren.

Eigentlich, so erzählte Paul Spinat, mache er sich ja nichts aus Titeln. Aber der Dr. h.c. »arte et cultura« der »Internationalen Universität von Andorra«, der Ambassadeur der Krone Azteka des mexikanischen Herrscherhauses Montezuma und der Kommandeur des französischen Ordens der St. Georg Ritter seien ihm förmlich aufgedrängt worden.

Anläßlich seines 75. Geburtstages, den er wie ein Fürst feierte, bezeichnete sich Putten-Paul in einem Anfall von Selbsterkenntnis als einen »närrischen Romantiker oder romantischen Narren«. Er wollte alles erhalten, was schön war – und wenn nur er selbst es für schön hielt. Insofern war er ein Autokrat, unangefochten vom Geschmack der Zeit.

Paul Spinat konnte sich zeitlebens nicht damit abfinden, daß er bürgerlicher Herkunft war. So gab er an, sein Vater, der Postbeamte, habe ihm auf dem Totenbett gestanden, die Spinats seien aus Frankreich ohne Papiere eingewanderte Hugenotten und stammten von einem Comte de Spinat ab.

Nach dem Tode des Schloßherrn Spinat im Jahre 1989 stellte sich heraus, daß der Besitz völlig überschuldet war. Das Luftschloß war auf einem finanziellen Lügenfundament erbaut worden. Die Prinzessin fiel von der Erbse und sah sich genötigt, das Erbe ihres Mannes auszuschlagen. Das Land Nordrhein-Westfalen erwarb erneut die Drachenburg.

Doch allzu gram ist die Witwe von Putten-Paul, die Sachsen-Prinzessin, ihrem Manne nicht. »Ein Phantast« sei er gewesen, so sagt sie nachsichtig und fügt dann schnell hinzu: »Ein liebenswerter.«

Sauer sind aber entfernte Verwandte auf den Herrn der Drachenburg. Ein Großneffe und sein Vater wurden wegen des Erbes zum Amtsgericht Königswinter gebeten. Auch sie weigerten sich, wie schon zuvor die Witwe, das belastete Erbe anzutreten. Für diese Verzichtserklärung mußten sie 20 DM Gebühren zahlen. Das ärgerte die entfernten Verwandten des Herrn der Drachenburg gewaltig.

Heinrich Lützeler

Wie Goethe brachte er es zum Doktor humoris causa

Sein Anblick erregte bei denen, die ihn nicht kannten, je nach Mentalität, Mitleid oder auch Spott. Zwischen schmalen Schultern über einem großen Buckel saß ein überdimensionaler Kopf. Der war jedoch höchst eindrucks- und ausdrucksvoll. Krüppel nannte man Heinrich Lützeler in der Jugend, später schönte man das: ein Behinderter. Seine unübersehbare Behinderung, der Spott, den er von seinen Mitschülern zu ertragen hatte, die Schwäche des Körpers weckten in ihm Kräfte des Geistes, des Humors, des Witzes. Heinrich Lützeler, Kunsthistoriker von Beruf, Karnevalist aus Passion, ist einer der originellsten Bonner des 20. Jahrhunderts geworden.

Als Sohn des Porzellanmalers Theodor Lützeler kam er am 27. Januar 1902 auf die Welt. Vom Vater erbte er das heitere Wesen, von der Mutter die musische Begabung. Über seinen Jahrgang 1902, den er selbst einen »berüchtigten« nannte, schrieb Lützeler anläßlich seines 60. Geburtstags: »Natürlich hatte es dieser Jahrgang in sich, aber nicht aus mystischen Gründen, sondern wegen der Verlaufs der Zeitgeschichte. Wir haben zwei Weltkriege miterlebt. Als das Kaiserreich zusammenbrach, waren wir bereits wach genug, um den Umsturz der Ordnungen zu begreifen... Die 20er Jahre haben wir als junge Menschen mitgemacht, in alle Richtungen witternd und an allen Experimenten teilnehmend. In der Inflation und während einer ungeheuerlichen Arbeitslosigkeit erkämpften wir unser Studium... Mit voller Wucht traf uns die Grausamkeit des Dritten Reiches. Nach 1945 war ein wesentlicher Teil des Wiederaufbaus in unsere Hände gelegt.«

Die Familie des Porzellanmalers war nicht mit Reichtümern gesegnet. Aber dort ging Musik ab. Sehr wörtlich. Heinrich und seine Eltern sangen in drei verschiedenen Kirchenchören. Wegen der »individuellen Stundenpläne« der Kirchen traf man sich in der Familie selbst zu Weihnachten »eigentlich nur zufällig«. Früh mußte der Sohn Geld hinzuverdienen. Dies führte dazu, wie der später weithin bekannte Kunsthistoriker schrieb, daß es »in meinen kunsthistorischen Arbeiten zu einer ausgesprochen soziologischen Blickrichtung« kam.

Mit 22 hatte er seinen Doktor gemacht, mit einer Arbeit über »Formen der Kunsterkenntnis« erregte er kurz darauf Aufsehen in der Fachwelt. Bis 1940 lehrte Lützeler an der Bonner Universität. Dann entzogen ihm die Nazis auf Betreiben ihres Chef-Ideologen Alfred Rosenberg die Venia Legendi, die Lehrerlaubnis. Bereits 1931 hatte der kleine, verwachsene Mann die Braunhemden als »Kulturbolschewisten« bezeichnet. Zwei Jahre nach dem Lehrverbot erhielt Lützeler ein Schreib- und Redeverbot.

Für jeden Scherz zu haben: Der Kultur-Professor Lützeler bei einem nur auf den ersten Blick traurigen Anlaß

Doch mundtot machen konnten ihn die Nazis nicht. Um mit seiner Frau Marga durchzukommen, gab er Privatvorlesungen bei geneigten Bonner Bürgern, auch im Hause Konrad Adenauers am Rhöndorfer Zennigsweg war Lützeler willkommen.

Ob an der Uni oder in Privathäusern, Lützelers Vorlesungen waren alles andere als dröge. Bei ihm durfte nicht nur gelacht werden, er benutzte den Humor als Vehikel zur Wissensvermittlung.

Er mußte mit der Herrenmenschen-Ideologie der Nazis nicht nur wegen seiner Behinderung anecken. Er lehrte die Gleichrangigkeit der Kulturen – wobei er einen sehr weiten Begriff von Kultur meinte. Dazu zählte Lützeler nicht nur Sprache und Lebensart, Geschichte und Klima, sondern auch die Küche eines Landes.

Als der braune Spuk vorbei war, bekam Lützeler 1946 einen Lehrstuhl für Kunstgeschichte und Ästhetik, er gründete sogleich ein Seminar für Orientalische Kunstgeschichte. Seine Vorlesungen und Seminare waren auch jetzt immer überfüllt, es sprach sich schnell herum im universitären Bonn: Bei Lützeler darf gelacht werden.

Lützeler wurde selbst für die Bonner, die nie seinen Bestseller »Weltgeschichte der Kultur« (Auflage über 120 000) gelesen und nie einen Fuß in die Universität gesetzt haben, ein Begriff – als Karnevalist. In unzähligen Rundfunksendungen, auf Schallplatten und in Büchern verbreitete er rheinischen Humor. Den Berliner und Hamburger Humor machte er nieder als »flüchtig auf die schnelle Pointe« abzielend. Der rheinische Humor hingegen sei »wärmend und wiederholbar«. Dieses Humor-Urteil begründete Lützeler mit einem »Verzällche« aus seinem Fundus: Vom Kölner Zoo hat Papst Johannes XXIII einen Papagei geschenkt bekommen. Als der Heilige Vater eines Tages schon zum Frühstück im vollen Ornat erscheint, krächzt der Papagei fröhlich: Kölle Alaaf!

Um solch einen Lach-Professor rissen sich die Karnevalsvereine. Der Vaterstädtische Verein, Ehrengarde der Stadt Bonn, trug ihm die Würde eines Schultheiß an, was für Bonner Narren mindestens so würdevoll ist wie das Amt eines Bürgermeisters. Doch Lützeler zögerte zum Erstaunen der Karnevalsfreunde, er wolle sich »dat reiflisch überlejen«, sagte er. Am nächsten Tag erkundigte er sich, was er denn dann machen müsse. Viel nicht, wurde ihm beschieden. Zunächst mal müsse er sich einen roten Frack schneidern lassen. Doch damit war er nicht einverstanden. »Rot, die Farbe liegt mir nicht«, entschied er. Lützeler begnügte sich mit einer überdimensionalen Fliege und mit der Präsidentenmütze zum Smoking. Bei seiner ersten Sitzung in der Bonner Beethovenhalle wurde dem so sprachgewandten Professor etwas mulmig und er entschuldigte sich: "Isch hann ne Krömel in dä Tröt« – für Nicht-Bönnsche: Ich habe einen Krümel im Hals. Dann faßte er sich sowohl ein Herz als auch ein Tanzmariechen, bützte das Mädchen und tönte: »Nur bütze ist schöner als reden.«

Lützeler, der kleine verwachsene Mann, bützte gerne schöne große Frauen. Es wurde eine Art Bonner Gesellschaftsspiel, zu fragen, mit welcher gutaussehenden Dame denn Lützeler zu einer Premiere, zu einem Empfang oder was auch sonst immer an öffentlicher Veranstaltung anstand, erscheinen würde. Mal war die Dame rothaarig, mal blond, mal schwarz. Fast alle waren größer als der Humorist und auffallend hübsch. Gescheit mußten die Frauen, meist ehemalige Studentinnen, auch noch sein. Denn Lützeler prägte den Spruch: »Eine gescheite Frau hat Millionen geborener Feinde: Alle dummen Männer.« Im hohen Alter wurde er etwas beständiger mit seiner ständigen Begleitung. Doris hieß die Dame seines großen Herzens, die ihm den Lebensabend versonnte.

Der hochgelehrte, vielfach ausgezeichnete Gelehrte war auf eine Ehrung ganz besonders stolz, stolzer noch als auf seinen herzschmelzenden Charme. 1977 wurde er zum Doktor des Humors promoviert. Goethe trug einst diesen Titel und Konrad Adenauer.

86 Jahre alt wurde der Humor-Doktor. Am 13. Juni 1988 starb er nach einer Notoperation am großen Herzen in Bonn. Die Bonner Zeitungen »General-Anzeiger«, »Bonner Rundschau«, »Expreß« und auch »Die Welt« berichteten über den Trauerfall, als sei ein großer Staatsmann verschieden. Vielleicht war er es ja auch. Ein Mann, der mit Humor Staat machte und sich selbst mit Witz stattlich.

Peter Joseph Boosfeld

Pedantischer Überlebenskünstler

So sah es aus in Bonn zur Zeit der Französischen Revolution

Er war pingelig bis zur Pedanterie. Mit seinen handschriftlichen Anmerkungen und Korrekturen auf den Akten konnte er Untergebene trietzen. Peter Joseph Boosfeld war ein Überlebenskünstler. Er diente dem Kurfürsten, dem Franzosenkaiser Napoleon und den Preußen. Der Kollaborateur war ein Mann voller Widersprüche: Dritzgenau und weltoffen, Anhänger des französischen Aufklärers Rousseau und weltoffener rheinischer Katholik. Als einziger Bonner war er offiziell geladen, an der Kaiserkrönung Napoleons teilzunehmen. Boosfeld ist eine der schillerndsten Figuren der Stadtgeschichte.

Er war das neunte Kind wohlhabender Bonner Eltern. Peter tauften, Pieter nannten sie ihren am 23. Februar 1750 geborenen Sohn. Da der kurfürstliche Hof immer in Geldverlegenheiten war, machte sich die Unsitte breit, Ämter und Titel zu verkaufen. Papa Boosfeld kaufte seinen Sohn als Advokat in die »Hofrathskanzlei« ein, später wurde er »Hofkammerrath« und »Vogt des Appellationsgerichts«. Seit 1786 findet sich der Name Boosfeld in der Liste der Rathsverwandten des Bonner Magistrats. Eine nicht unübliche Karriere zur damaligen Zeit, als der letzte Kurfürst Max Franz in Bonn regierte.

Weniger Glück hatte Boosfeld privat. Nach nur vierjähriger Ehe starb 1781 seine Frau Maria Elisabeth, geborene Cocy, eine sehr wohlhabende Dame. Der kinderlose Witwer wagte es nicht zum zweitenmal, sondern schloß mit einem Freund, dem Geheimrat von Pelzer, einen »Leibzuchtvertrag«. Das Ehepaar Pelzer versorgte Boosfeld mit Wohnung und Essen, dafür sollte es dermaleinst das beträchtliche boosfeldsche Vermögen erben.

Während in Bonn noch der Krummstab diktierte, regierte in Frankreich die Guillotine. Die Franzosen machten Revolution, die Kinder des Vaterlandes setzten den König ab, köpften ihn. Am 22. März 1793 erklärt das Heilige Römische Reich Frankreich den Krieg. Das Kriegsglück ist mit der Revolutions-Armee. Am 8. Oktober 1794 wird Bonn von der Vorhut der Sambre- und Maas-Armee besetzt. Der letzte Kurfürst Max Franz hatte sich schon 1792 nach Münster abgesetzt während des sogenannten ersten Koalitionskrieges.

Die französischen Besatzer tun zunächst alles, um sich unbeliebt zu machen. Die in Frankreich bereits entwerteten Assignaten müssen von Bonn zum Nennwert übernommen werden. Die Stadt muß die anspruchsvollen Besatzer versorgen. Am 12. Oktober errichten sie einen Freiheitsbaum auf dem Bonner Markt. Auf Befehl des französischen Generals Jean-

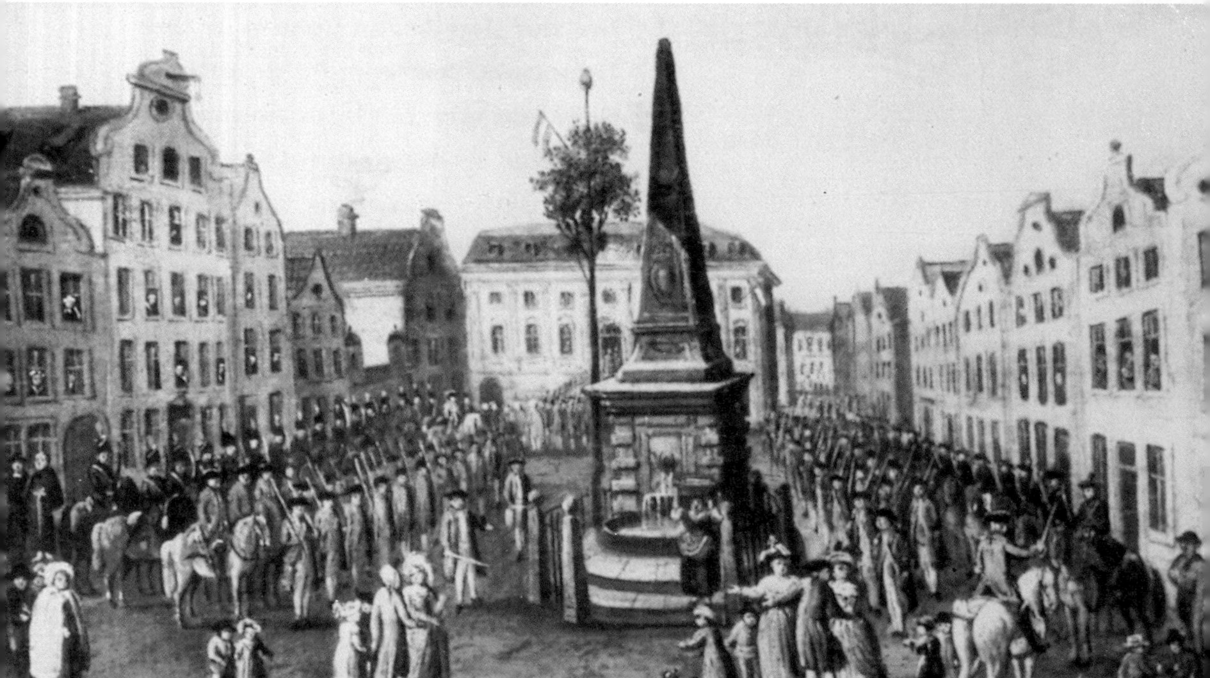

Victor Marceau muß der Magistrat, also auch Peter Boosfeld, an dieser Feier teilnehmen. Die Bonner, die nicht hin müssen, bleiben lieber weg.

Boosfeld wird zum Maire ernannt, es ist nicht bekannt, daß er sich sonderlich gegen das neue Amt gewehrt hätte. Er fügt sich – und macht sich unbeliebt, muß er doch Kontributionen eintreiben und die Bevölkerung für die Besatzung bluten lassen.

Der Chef von Boosfeld trägt den Titel Nationalagent, er ist auch ein Deutscher und heißt Johann Joseph Eichhoff. Er ist so eine Art Unterpräfekt. Was ihn auszeichnete für das Amt? Eichhoff war Koch in der kurfürstlichen Küche. Feinschmecker Max Franz hatte ihn einst zum Bildungsurlaub nach Paris geschickt, um dort die Raffinessen der cuisine française zu studieren und sie am bönnschen Hof einzuführen. Koch Eichhoff konnte also ganz gut Französisch und verstand sich mit den Besatzern.

Am 17. Oktober 1797 wird der Krieg offiziell beendet durch den Frieden von Campo Formio. Das ganze linke Rheinufer wird Frankreich zuerkannt, Bonn gehört nun zum Département Rhin et Moselle, die Hauptstadt ist Koblenz. Die wichtigsten Behörden werden von den Besatzern aus Bonn abgezogen, Bonn wird Provinz.

Ernst Moritz Arndt schrieb über das Bonn des Jahres 1799: »Dieses Städtchen aber, welches allein vom Hofe lebte, keine Fabriken hatte und keinen Handel, hat am meisten verloren. Mit dem Hofe ist sein Glanz und sein Erwerb dahin.«

Die Franzosen piesacken die Bonner: Sie verbieten den Handel mit dem anderen Rheinufer, es sei denn, man erwerbe einen teuren Paß zu diesem Zwecke. Sie erheben eine Tabaksteuer, zwingen wegen nächtlicher Unruhen eine Straßenbeleuchtung zu installieren, ermahnen sie, Kokarden zu tragen in den Farben

Sehr zum Verdruß der Bonner mußte 1795 auf dem Markt ein Freiheitsbaum errichtet werden

Vom Koch zum Unterpräfekten: Johann Joseph Eichhoff

der Trikolore – worüber die Bonner nur spotten. Und sie verbieten zur Fastnachtszeit 1799 jegliche Art von Maskierung – so eine Art Vermummungsverbot.

Maire Boosfeld macht alles mit, zurücktreten kann oder darf oder will er nicht. Zwar hofft er, der ja formell immer noch Beamter des in Münster residierenden Kurfürsten ist, auf eine Beschäftigung am dortigen Hof. Doch das wird nichts. Verzweifelt schreibt er in einem Brief an Freunde: »Nun bin ich also mit all meinen Sachen wieder ganz unter dem Joch der Freiheit! Liberté, Egalité ou la mort, an dieser Eingangsformel fehlt nichts, als daß ›ou‹ in ›et‹ abgeändert werde.«

Er blieb in Bonn, fand sich ab, wurde gar zum Präsidenten des Gemeinderates ernannt – was ihm aber auch kein Geld einbrachte.

Das große Glück naht für Boosfeld in Gestalt eines kleinen Korsen. Am 16. und 17. September 1804 erscheint Napoleon nebst Ehefrau Josephine im besetzten Bonn. Für den Kaiser der Franzosen wird ein Triumphbogen errichtet, die Häuser werden geschmückt. Bonn jubelt, einen Kaiser hatte man selten in der Stadt. Bei einem wilden Ritt Napoleons durch die Umgebung Bonns plumpst sein Unterpräfekt Eichhoff, der Ex-Koch, vom Pferd. Ein Ex-Koch, der nicht mal reiten kann, nein, das war nun nicht der richtige Repräsentant des kaiserlichen Frankreichs. Eichhoff muß um seine Entlassung bitten, bekommt dafür aber den einträglichen Posten eines Direktors der Rheinzölle. Nachfolger Eichhoffs wurde Peter Joseph Boosfeld. Bei einer Petitionsübergabe war er Napoleon aufs Angenehmste aufgefallen.

Einen Monat nach der Visite Napoleons war Boosfeld mit der Lese auf einem gepachteten Weinberg beschäftigt. Man schrieb den 18. Oktober 1804. Da erschien ein Bote aus Bonn, der wünschte »Viel Glück. Ihr habt ne schöne Deens kriegt. Ich han et en den Desch.« Der Bote grabbelte den Auszug einer Zeitung aus seiner Tasche, aus der hervorging, daß Boosfeld mit Wirkung vom 19. September 1804 zum Unterpräfekten des Arrondissements Bonn ernannt worden sei. Boosfeld hielt das zunächst für einen Druckfehler, doch schon sieben Tage später hatte er es amtlich, er wurde zur Vereidigung nach Koblenz gerufen. Er hatte nicht einmal genug Zeit, sich eine neue französische Uniform für den feierlichen Akt schneidern zu lassen, sondern erschien im schwarzen seidenen Anzug eines kurfürstlichen Beamten.

Genau bis zur Pedanterie erfüllte Boosfeld fortan die Anordnungen der französischen Verwaltung im Arrondissement Bonn, zehn Jahre lang. Boosfelds Boss, der Präfekt Marquis Adrien de Lazay-Marnesia, lockert die Fesseln, das Leben wird erträglicher. So sorgt der Präfekt dafür, daß Godesberg als Kurstadt ausgebaut wird.

Doch die Bonner müssen auch ihren Blutzoll entrichten für Napoleons Eroberungs-Feldzüge. Im Oktober 1805 werden 221 Bonner Männer in die französische Nationalgarde eingezogen. Viele fallen auf den Schlachtfeldern Europas. Ein Bonner, Matthias Oppenhoff, macht militärische Karriere, er wird Major, später Adjutant des Fürsten Gebhard Leberecht Blücher, dem bekannten Marschall »Vorwärts«, dem Sieger von Waterloo.

Am 13. Januar 1814 rücken die Franzosen ab, das Kriegsglück ist Napoleon untreu geworden, vier Tage später rücken die Preußen ein. Der französische Beamte Boosfeld freut sich, weil die »Heimat mit dem unvergessenen Gesamt-Vaterland wieder vereinigt wurde«. Die neue preußische Verwaltung konnte den braven Beamten zwar nicht weiter beschäftigen, doch verantworten wegen Kollaboration mußte er sich nicht. Er wurde sogar noch Präsident des in Bonn errichteten Tribunals Erster Klasse. Boosfeld sprach Recht bis zum Mittag des 28. Mai 1819. Da traf ihn der Schlag beim Mittagessen.

Heinrich von Bonn

Der Kreuzfahrer wäre beinahe ein Heiliger geworden

In diesem Kloster wird das Andenken an Heinrich von Bonn gepflegt

Genau 64 sowohl berühmte als auch berüchtigte Heinrichs finden sich im Großen Brockhaus. Doch weder dort noch in der »Chronik der Stadt Bonn« findet sich ein Hinweis auf Heinrich von Bonn, jenen legendären Teilnehmer des zweiten Kreuzzugs, der 1147 das von den Sarazenen belagerte Lissabon entsetzte. Beinahe wäre jener Ritter sogar heilig gesprochen worden, an seinem Grab sollen Wunder geschehen sein – heißt es. Das »beinahe« stört fromme Portugiesen nicht, die zu seinem Grab nahe Lissabon pilgern, hat doch der Bonner Heinrich unter den Wundertätern das Ressort übernommen, Tauben das Hörvermögen wiederzubringen.

Daß es jenen Heinrich gab, das weiß man aus mittelalterlichen Schriften, wo genau und wann er zur Welt kam, das weiß man nicht. Man kann ihn aber mit Fug und Recht als Bonner bezeichnen, denn in den alten Schriften wird sein Geburtsort geographisch ganz exakt beschrieben, doch dort nur »Villa« genannt.

Es gibt von Heinrich dem Kreuzfahrer kein Bild, keine Vorstellung, aber – was fürs Wundertun viel wichtiger ist – eine Reliquie. 1976 stiftete der Patriarch von Lissabon ein Stückchen Knochen von dem angeblich tapferen Ritter Heinrich dem Bonner Münster, dort wird es aufbewahrt. Wunder sind Heinrichs Knochen bislang noch nicht zugeschrieben worden. Aber was nicht ist, das kann ja noch werden.

Halten wir uns an die Tatsachen: Es gab einen Heinrich, geboren in oder um Bonn, der am zweiten Kreuzzug teilgenommen hat. Zusammen mit Rittern aus England und Nordfrankreich und Kameraden aus dem Heiligen Römischen Reich Deutscher Nation schlug er die Sarazenen in die Flucht, die Lissabon belagert hatten. Das geschah im Jahre 1147 und war der einzige militärische Erfolg des ansonsten glücklosen zweiten Kreuzzugs. Der Oberbefehlshaber der Westarmee, der erste portugiesische König Alfons Heinrich, hatte mehr Glück als die Befehlshaber der Ostfront, der deutsche König Konrad III und sein Kollege Ludwig VII aus Frankreich, sie mußten die Belagerung von Damaskus erfolglos abbrechen.

Was für tolle Dinge denn nun unser Bonner Heinrich getan hat, das wissen wir nicht. Denn in später verfaßten englischen Schriften kommen nur die Engländer groß raus. Daß er aber ein Held gewesen sein muß, hat mit den Legenden um sein Grab zu tun. In drei von vier erhaltenen Briefen gibt es Hinweise, daß an den Gräbern von gefallenen »Kölnern und Flamen« Wunder vorgekommen sein sollen. Das Grab des Bonner Heinrichs befindet sich in Kloster San Vincente nahe Lissabon. Im »Indiculum fundationes Monasterii Sancti Vincentii« wird bereits 1188 nicht nur über die Gründung des Klosters, sondern auch ausführlich über die »wunderbaren Ereignisse am Grabe des Ritters Heinrich von Bonn« berichtet. Nicht nur, daß Taubstumme plötzlich hören und sprechen konnten, nein, eines Nachts sei der Glöckner des Klosters durch eine über dem Grabe Heinrichs schwebende Lichtgestalt aufgefordert worden, den an anderer Stelle beerdigten Schildknappen des Bonner Ritters an dessen Seite beizusetzen. Was natürlich so geschah.

Da ein Heiliger, noch dazu ein Wundertätiger, auf dem Klosterfriedhof das Image eines Ordens erhöht – und damit die bei Wallfahrten erzielten Umsätze – mühten sich die Augustiner Chorherren um die Heiligsprechung ihres Heinrich. Doch Rom reichten die Wundertaten nicht, und so blieb Heinrich nur der Heinrich von Bonn und wurde kein Heiliger Heinrich.

Im 16. Jahrhundert notierte der portugiesische Schriftsteller Duarte Galvao, er sei eigens nach Bonn gereist, in die Stadt aus der »jener berühmte Ritter gestammt hat, welcher bei der Eroberung Lissabons so große Verdienste errungen hat«. Doch bei seinen Recherchen nach Spuren Heinrichs blieb er erfolglos. Luis de Camoes, ein berühmter portugiesischer Dichter, erwähnt in einem Poem auch einen »Henrique, famoso cavaleiro«. Daß Propheten nichts im eigenen Lande gelten, ist ja hinlänglich bekannt, aber Ritter und Wunderheiler wohl auch nicht.

Im Kloster San Vincente wird sein Grab immer noch liebevoll gepflegt, ein Epitaph aus dem 17. Jahrhundert erinnert an ihn – und die fast vergessene Reliquie im Münster zu Bonn.

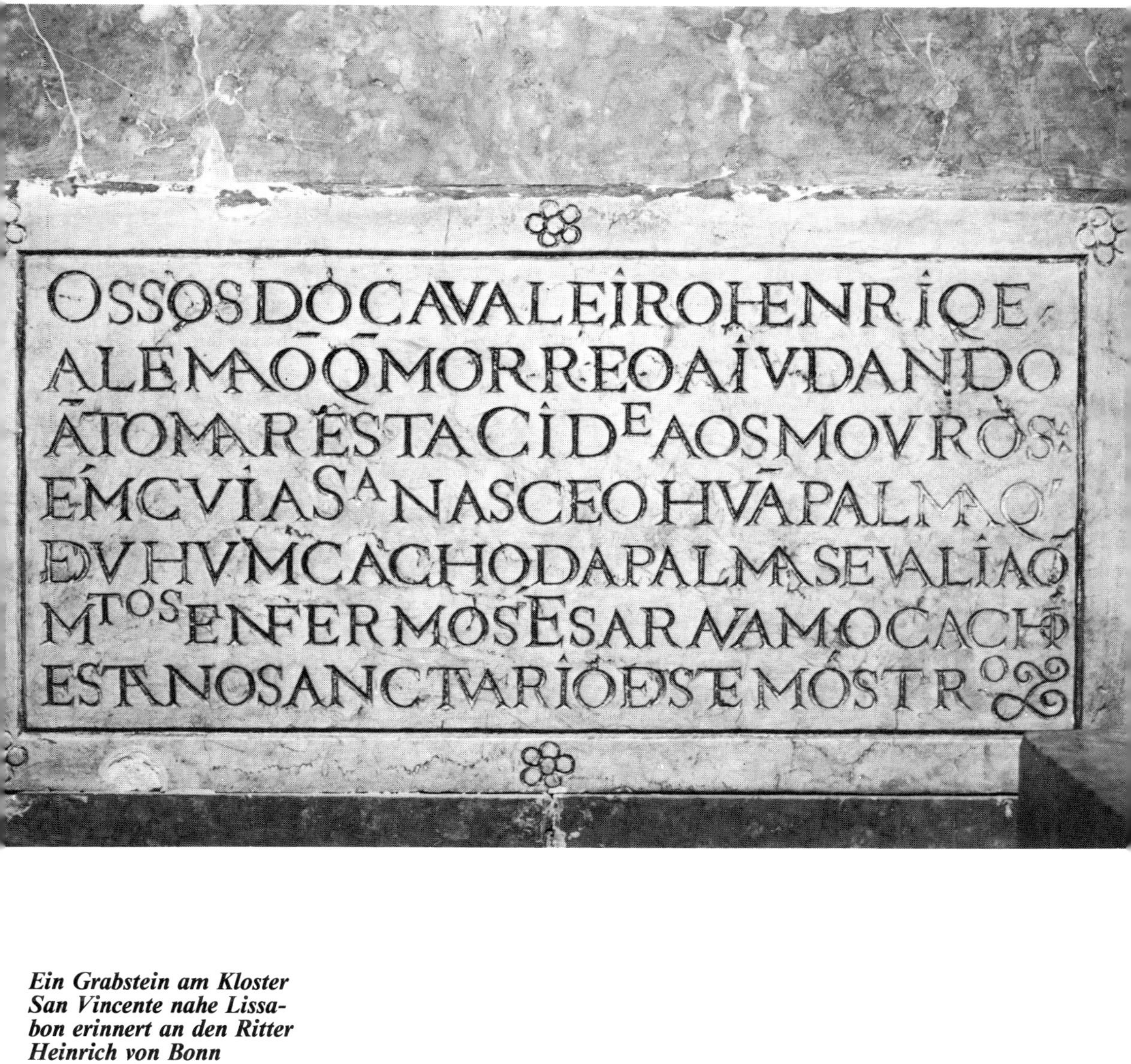

Ein Grabstein am Kloster San Vincente nahe Lissabon erinnert an den Ritter Heinrich von Bonn

August Wilhelm Schlegel

Heinrich Heine brachte er das Dichten bei

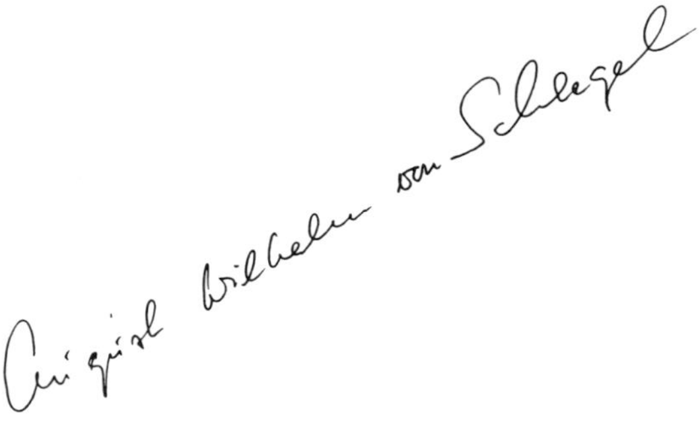

Da kommt der weltberühmte Dichter und Denker August Wilhelm von Schlegel von der preußischen Hauptstadt Berlin in das kleine Kaff Bonn, und die Bonner spotten über sein pfauenhaftes Gehabe! Die rheinischen Spottdrosseln haben mich nicht verdient – mag der »Chefideologe der Romantik« sicher so manches Mal gedacht haben, nachdem er 1819 seinen Berliner Lehrstuhl mit einem an der frischgebackenen Bonner Hochschule getauscht hatte. Der preußische Staatskanzler Karl August Fürst von Hardenberg hatte Schlegel gebeten, nach Bonn umzuziehen, er möge »durch den Glanz seines Namens dieser Universität einen herrlichen Aufschwung geben.«

August Wilhelm von Schlegel aus Berlin gab der jungen Bonner Uni Hauptstadt-Ruhm

Derart geschmeichelt zog August Wilhelm Schlegel von der Spree an den Rhein und wurde hier ungeachtet seiner wissenschaftlichen Verdienste zur Lachnummer. Adele Schopenhauer, Schwester des Philosophen, klatschte in einem Brief an Goethe im Jahre 1830: »Schlegel hat hier einen schweren Stand, man ist fast allgemein gegen ihn eingenommen, seiner oft verletzenden Eitelkeit wegen. Wir selbst stehen auf freundlichem Fuß zusammen, werden seine Vorlesungen mithören, was ohnehin die halbe Stadt tut.«

Es war zwar nicht die halbe Stadt, aber von den damals 526 Bonner Studenten hörte fast die Hälfte gelegentlich bei August Wilhelm von Schlegel. Wie er seine Vorlesungen zelebrierte, schildert sein wohl berühmtester Student Heinrich – damals noch Harry – Heine, der 1819 eigentlich Jura studieren wollte in Bonn, aber dann in den Bann des »Chefs der Romantiker« geriet, sich von ihm Gedichte redigieren und in der Metrik unterweisen ließ. Heine über die Selbstinszenierung Schlegels: »Im modernsten Pariser Anzuge, mit Glacéhandschuhen und ganz parfümiert von guter Gesellschaft und eau de mille fleurs, aber die Zierlichkeit und Eleganz selbst, bestieg er das Katheder, sein Diener in der freyherrlichst Schlegelschen Hauslivree schritt ihm mit zwei silbernen Armleuchtern, in denen Wachskerzen brannten, voraus und blieb während der Vorlesung zur Seite des Herren stehen, um die Wachslichter zu putzen.«

Heine, der sich später über die Romantiker lustig machte, ironisiert seine Begegnung mit Schlegel: »Es war, mit Ausnahme des Napoleon, der erste große Mann, den ich damals gesehen, und ich werde nie diesen erhabenen Anblick vergessen. Noch heute fühle ich den heiligen Schauer, der durch meine Seele zog, wenn ich vor seinem Katheder stand und ihn sprechen hörte…«

Drei Oden dichtete Heine auf Schlegel, »wovon jede anfing mit den Worten: O du, der du usw. Aber nur in der Poesie hätte ich gewagt, einen so vornehmen Mann zu duzen. Sein Äußeres gab ihm wirklich eine gewisse Vornehmheit. Auf seinem dünnen Köpfchen glänzten nur noch wenige silberne Härchen und sein Leib war so dünn, so abgezehrt, so durchsichtig, daß er ganz Geist zu sein schien, daß er fast so aussah wie ein Sinnbild des Spiritualismus.«

Damals war Schlegel 52 Jahre alt und hatte ein bewegtes Leben hinter sich. Geboren wurde er 1767 in Hannover, er studierte in Göttingen Theologie und Philologie, schlug sich als Hauslehrer in Amsterdam durch und wurde auf Veranlassung Schillers Ästhetik-Professor in Jena. Insbesondere seine Übersetzungen hatten die Aufmerksamkeit in der literarischen Welt gefunden.

1796, in dem Jahr, in dem Schlegel nach Jena ging, heiratete er Caroline Böhmer, geborene Michaelis. Diese Dame war Tochter eines Orientalisten und Witwe eines Arztes. Als Anhängerin der Französischen Revolution war sie 1793 von den Preußen verhaftet und in Königstein im Taunus festgesetzt worden. Friedrich Schlegel, der jüngere Bruder August Wilhelms, bewerkstelligte die Freilassung der attraktiven Frau und stellte sie dem Bruder vor. Das war ein Fehler. Denn der machte ihr erst den Hof, dann einen Antrag. Lange hielt das junge Glück mit der lebenslustigen Caroline nicht, die eine Praktikantin der von den Romantikern besungenen freien Liebe war. Der Philosoph Friedrich Wilhelm Joseph Schelling spannte Schlegel die Dame aus. 1801 ließ sich Schlegel von der »Dame Luzifer« – so Charlotte Schiller – scheiden. Sie heiratete ihren Philosophen und ging als Caroline Schlegel-Schelling insbesondere wegen der lange nach ihrem Tod edierten »Briefe der Frühromantik« als eine der profiliertesten Frauen jener Epoche in die Literaturgeschichte ein.

August Wilhelm Schlegel tröstete sich mit Madame Germaine de Stael. Seit 1804 reiste er mit der geistreichen Frau quer durch Europa. Er ermutigte die Tochter des Finanzministers von Louis XVI, Jacques Necker, zu ihrem sechsbändigen Hauptwerk »Über Deutschland«, in dem die Französin ihre Landsleute mit den unbekannten Wesen jenseits des Rheins vertraut machte. Die erste Ausgabe des Buchs wurde auf Weisung Napoleons wegen Deutschfreundlichkeit vernichtet.

In diesen turbulenten Zeiten drängt es den Romantiker Schlegel in die Politik, er wird Geheimsekretär des schwedischen Kronprinzen Bernadotte und verfaßt in dessen Diensten Proklamationen gegen den Europa beherrschenden Franzosen-Kaiser.

Die Gebrüder Schlegel galten als die Chef-Denker der Romantik. August Wilhelm Schlegel – dank der Freundlichkeit des Schweden-Prinzen seit 1816 »von«, so viel Zeit muß sein – hat zwar nur wenig Ruhm mit seiner Poesie erworben. Sie wirkt nach Experten-Meinung »glatt und geklügelt«. Doch als Übersetzer strahlt seine Sprachmacht noch heute. Ihm ist zu verdanken, daß Shakespeare Gemeingut der deutschen Literatur geworden ist. »Schlegel«, so vermerkt die sechsbändige Geschichte der deutschen Literatur von Anselm Salzer und Eduard von Tunk, »versenkte sich in die fremde Individualität und leitete diese in seine eigene Sprache, ein einmaliger Fall in der Weltliteraturgeschichte.«

An der Bonner Universität widmete sich Schlegel besonders der indischen Literatur, womit er schon im Gefolge der Madame de Stael in Paris begonnen hatte. Indische Literatur, das klingt zwar sehr abseitig, ist aber für den Romantiker durchaus folgerichtig. Die deutsche Romantik ist ja viel mehr als Waldesrauschen. Einmal richtet sie ihr Hauptaugenmerk auf die eigene, deutsche Geschichte, zum anderen aber auch auf die Unendlichkeit des Sehnens und Fühlens der Menschen ferner Länder. Deshalb auch der Hang der Romantiker zum Übersetzen. Brentano hat es so formuliert: »Romantik ist Übersetzen.«

Der Neu-Bonner Schlegel kümmerte sich um die Gründung eines indologischen Instituts und gab ab 1820 die »Indische Bibliothek« heraus. Die Berliner Kulturbürokraten hätten ihn gerne wieder zurückgeholt. Im Mai 1822 weigert er sich sehr umständlich-höflich, diesem Ruf Folge zu leisten: »Eine beynahe vierjährige Erfahrung hat mich überzeugt, daß ich an der kgl. Rhein-Universität mit einigem Nutzen lehren kann«, schreibt er an das preußische Unterrichtsministerium.

1819, in dem Jahr, als er seine Bonner Tätigkeit begann, heiratete Schlegel erneut, die (hoffentlich) Glückliche hieß Sophie Paulus, doch niemals lebte das Paar unter einem Dach zusammen, der Herr Professor war einfach zu beschäftigt für eine Ehe. Denn nicht nur die indische Literatur, auch die Bonner Kommunalpolitik fand das Interesse Schlegels. Im Mai 1825 wurde er Vorsitzender des »Vereins zur Erweiterung und Verschönerung der Stadt Bonn« und warb eifrig für den Bau des »Königlich Rheinischen Museums Vaterländischer Altertümer«, aus dem das heutige Rheinische Landesmuseum hervorgegangen ist. 1829 gab er den Bonnern sogar die Ehre und ließ sich in den Stadtrat wählen.

Einmal nur dachte Schlegel daran, die Brokken hinzuschmeißen. Das war nach der »Demagogenverfolgung«, als die Reaktion nach der Ermordung des Populär-Schriftstellers August von Kotzebue durch den Jenaer Studenten Karl Ludwig Sand am 23. März 1819 Jagd auf vermeintlich revolutionäre Studenten und Professoren machte. Schlegels Kollege Ernst Moritz Arndt bekam Berufsverbot. Das war sogar dem stockkonservativen Chefromantiker zu arg. Er teilte der Berliner Obrigkeit mit, ihm fehle es »unter den gegenwärtigen Umständen an der nötigen Heiterkeit und Gemütsruhe, meine Kräfte ferner dem öffentlichen Unterrichte zu widmen.« Doch sein Entlassungsgesuch wurde nicht akzeptiert, das Unterrichtsministerium sicherte ihm zu, in Zukunft könne er sich ganz zurückgezogen der indischen Literatur hingeben und bewilligte sogar die Anschaffung einer indische Druckpresse. Das beeindruckte Schlegel, und er blieb.

Als Kollege Arndt nach 20 Jahren wieder lehren durfte, wählten ihn die Bonner Professoren 1840 demonstrativ zum Rektor – mit nur einer Gegenstimme, und die kam von August Wilhelm von Schlegel. »Die persönliche Animosität zwischen den beiden Größen war unüberwindlich«, urteilt das Bonner Autoren-Ehepaar Maurer in »Bonn erzählt« über die männliche Primadonna.

Die Staatstreue wird Schlegel vergolten. 1842 wird der Bonner Gelehrte in den Orden Pour le Mérite aufgenommen. Doch nur drei Jahre lang kann sich Schlegel dieser Ehre erfreuen, am 12. Mai 1845 stirbt er in seiner neuen Heimat Bonn, er wird auf dem Alten Friedhof beigesetzt.

Einen unbekannten, offenbar gelangweilten Studenten der Bonner Universität regte der Romantiker zu einem Blödel-Vers an, der jahrelang ein Pult verunzierte: »Da sprach Hegel zu Schlegel: Komm, o Dichter, und kegel. Der antwortete: Gerade ich dichte Fichte auf Nichte – Du Flegel.«

Was ein Beitrag zur deutschen Triviallyrik ist!

Der Alt-Berliner und Neu-Bonner Schlegel wurde auf dem Alten Friedhof beigesetzt

Erich Hoffmann

Lieber eine weiße Weste als ein braunes Hemd

Generationen von Landsern hörten diesen Spruch: »Hast Du Tripper oder Schanker, bist Du lange noch kein Kranker. Erst wenn Dich die Syphilis befällt, ist's arg um Dich bestellt.« In Bonn lebte und lehrte und dichtete ein Mann, der zur Syphilis – man verzeihe den Kalauer – ein sehr enges Verhältnis hatte. 1905 hatte der Dermatologe und frühere Militärarzt Erich Hoffmann zusammen mit seinem aus Ostpreußen stammenden Kollegen Fritz Schaudinn den Erreger der bis zum Aufkommen von AIDS schlimmsten und bis dahin unheilbaren Geschlechtskrankheit entdeckt und ihn auch gleich getauft. »Spirochaeta pallida« nannten die beiden an der Berliner Charité forschenden Wissenschaftler ihre Entdeckung.

Dies war eine Sternstunde der deutschen Medizin, denn erst nach der Entdeckung des Erregers war eine Früherkennung und Frühbehandlung der Krankheit möglich, die Heilung aber erst mit der Entdeckung des Penicillins.

Erich Hoffmann hatte sich, als er die Entdekkung machte, erst kurze Zeit der Forschung zugewandt. Der am 22. April 1868 in Pommern geborene Mediziner war Soldat bei den Schwarzen Husaren gewesen und trat im Jahre 1900 als Stabsarzt in die Charité ein, damals wohl das angesehenste und beste Krankenhaus des Deutschen Reichs. 1904 habilitierte sich Hoffmann, 1906, ein Jahr nach der Entdeckung des Syphilis-Erregers, wurde er Chef der Poliklinik. Vier Jahre später berief ihn die Bonner Universität auf einen Lehrstuhl. 24 Jahre lang las er hier, ganze Generationen von Dermatologen hörten bei Hoffmann. Doch 1934 war Feierabend. Die Nazis mochten ihn nicht – und er nicht die Nazis.

Obgleich sich das Ausland um den Entdecker des Syphilis-Erregers riß, er in den USA, Japan, China zu Vorträgen eingeladen wurde und 40 medizinische Gesellschaften und Akademien ihn zum Mitglied machten, trieben ihn die Nazis aus dem Amt. Sein Verbrechen: Er weigerte sich, den deutschen Gruß zu leisten und bekundete öffentlich: »Eine weiße Weste ist mir lieber als ein braunes Hemd.«

Hoffmann verlegte sich aufs Dichten. Ein kleines Bändchen mit Lyrik ist erhalten geblieben. Darin besingt Hoffmann seine Wahlheimat. Zwar konnte der Arzt Gottfried Benn besser dichten, aber Hoffmann ist inniglicher.

Bonn am Rhein

Bonn du liegst dem grünen Rheine
Gar so lieb ans Herz geschmiegt
Daß in Schönheit ward noch keine
Musenstadt wie du gewiegt

Deiner Gärten buntes Blühen,
Deiner alten Bauten Pracht,
Deiner Mädchen hold' Erglühen
Hat noch jeden froh gemacht

Wenn im Mai die Knospen springen,
Und Studenten auf dem Rhein
Glücklich traute Weisen singen
Kann wohl keiner einsam sein.

Niemand könnte mich bewegen,
Daß ich wieder von dir ließ,
Du bleibst meines Lebens Segen,
Bonn und bist mein Paradies.

Erich Hoffmann entdeckte den Erreger der Syphilis. Die Nazis trieben ihn aus dem Amt, den Bonnern rettete er die Alleen

Der unerschrockene Hoffmann war es, der nach dem Krieg dafür sorgte, daß dieses von ihm verherrlichte Paradies nicht abgeholzt wurde. Zunächst war Bonn von den Amerikanern besetzt, diese wichen den Briten. Deren Stadtkommandant, ein Oberstleutnant namens Pirie, muß ein ziemlich arrogantes Ekel gewesen sein.

Eduard Spoelgen, von 1920 bis zur Zwangs pensionierung durch die Nazis 1933 Beigeordneter in Bonn, war von der Militärregierung am 13. August 1945 als Oberbürgermeister eingesetzt worden. Er beschreibt die Aktion von Prof. Hoffmann in seinen Erinnerungen: »Die englische Truppe, die die Amerikaner ablöste, war eine sehr vornehme Truppe, die zur Guards-Division gehörte, und so war ihr Kommandeur, Oberstleutnant Pirie, auch sehr vornehm. Ich empöre mich heute noch innerlich, wenn ich an die demütigende Art denke, mit der Oberstleutnant Pirie uns behandelte... Als wir Pirie einmal baten, mehr Kohlen in der kalten Jahreszeit zur Verfügung zu stellen – es war Brennmaterial genug vorhanden –, fuhr er uns an: ›Die Deutschen brauchen keine Kohlen, schlagt eure Obstbäume, schlagt eure Alleen, die sind für euch nicht nötig.‹ Und dann ordnete er an, mit dem Schlagen der Bäume in der Meckenheimer Allee zu beginnen. Wir hatten wirklich einen Baum schon gefällt, als der Befehl aufgrund einer von Professor Erich Hoffmann veranlaßten Einspruchsaktion von Pirie zurückgezogen wurde. Auf die Stimme der Universität hörten die Engländer.«

Vielleicht war dem britischen Offizier ja auch bekannt, welche Verdienste Professor Hoffmann mittelbar um die Gesunderhaltung der Soldaten Ihrer Majestät hatte.

Hoffmann hatte noch ein langes, an Ehrungen reiches Leben vor sich. Der bekannte Forscher zierte die junge Republik vom Rhein. 1953 verlieh ihm Bundespräsident Heuss das Große Bundesverdienstkreuz. Hoffmann starb am 8. Mai 1959, im – wie man so sagt – gesegneten Alter von 91 Jahren.

Ludwig Rickert

Nazi-Oberbürgermeister stritt nach dem Krieg um eine Pension

Der letzte Tag im ersten Monat des Jahres 1933. Es ist früh dunkel geworden. Männer in braunen Uniformen, fahnentragende Studenten, ehemalige Frontkämpfer ziehen durch Bonn zum Münsterplatz, viele halten Fackeln in der Hand. Aus den Kehlen der Männer erklingt das Horst-Wessel-Lied. Das rechte Bonn feiert die Machtergreifung Adolf Hitlers, der am Tag zuvor, am 30. Januar 1933, vom greisen Reichspräsidenten Paul von Hindenburg zum Reichskanzler ernannt worden ist. Auf dem Münsterplatz wird der Beginn des Dritten Reichs zelebriert. Mit dabei ist Ludwig Rickert, damals 36 Jahre alt, von Beruf Diplom-Handelslehrer, Mitglied der NSDAP seit 1930, ein »alter Kämpfer«.

Rickert ist nun Kreisleiter von Bonn-Land. Noch vor zwei Jahren hatte er ein Disziplinarverfahren am Hals wegen seiner Propaganda für Hitler. Das machte man nicht an der Bonner Berufs- und Handelsschule, wo der am 20. Juli 1897 in Posen geborene Lehrer seit 1927 tätig ist. Doch jetzt wird seine Stunde bald kommen, er spürt es, das Dritte Reich, sein Reich ist da. Bald wird er Staatskommissar sein, später Oberbürgermeister – bis zum bitteren Ende im März 1945.

Das Schicksal des Ludwig Rickert ähnelt bis dahin dem vieler Namenloser aus dieser Zeit. Er war begeistert dabei, als der Kaiser 1914 zu den Fahnen rief, meldete sich sogleich freiwillig, wurde schwer verwundet, geriet in britische Gefangenschaft, wurde erst 1919 entlassen. Nach dem Krieg war er ohne Orientierung, entwurzelt. Seine Heimat Posen gehörte nun zu Polen. Rickert wurde also Lehrer. Früh schloß er sich der Partei Hitlers an, der versprochen hatte die »Schmach von Versailles« zu tilgen.

Wie in vielen Städten des deutschen Reichs läuft auch in Bonn die Machtergreifung durch die Nazis ab, formal fast korrekt. Am 4. Februar 1933 verfügte der preußische Ministerpräsident, Hermann Göring, die Auflösung der kommunalen Parlamente, neun Monate bevor reguläre Wahlen anstanden. Neuwahlen werden für den 12. März ausgeschrieben. Doch trotz eines immensen Aufwandes an Propaganda wird die Nazi-Partei im Bonner Stadtparlament nur Nummer zwei. Sie bekommt 15 518 Stimmen. Aber für das katholische Zentrum stimmen 16 241 Bürger. Seit Ende März 1932 ist Wilhelm Lürken vom Zentrum Oberbürgermeister. Im Gegensatz zu seinem Amtsvorgänger Johannes Falk, der der Stadt von 1922 bis 1931 vorstand, bis er resignierte, taktierte Lürken gegenüber den Nazis sehr vorsichtig. Doch nach den März-Wahlen wurde er beurlaubt durch den Regierungspräsidenten, seine Amtsführung gehöre »überprüft«.

Nun kommt also die große Stunde des Diplom-Handelslehrers Rickert, er wird, obgleich ohne jegliche Verwaltungserfahrung, als

Bonns Nazi-Oberbürgermeister Ludwig Rickert sammelt für das Winterhilfswerk

»Staatskommissar« eingesetzt. Am 30. Juni wird er vom Stadtrat einstimmig – also mit den Stimmen der Partei seines abgehalfterten Vorgängers – zum Oberbürgermeister gewählt. Die SPD hat nichts mehr zu bestellen, ihre Beigeordneten Franz Marx und Peter Lützig werden in Schutzhaft genommen. Schon am 1. April 1933 waren 24 Kommunisten verhaftet worden. Der Stadtverordnete Otto Renois von der KPD wurde am 4. April erschossen, angeblich »auf der Flucht«. Rickerts erste Amtshandlung noch als Staatskommissar war auch eine Verhaftungs-Verfügung. Er ließ den Direktor der Städtischen Sparkasse Emil Weischenberg festsetzen, kurz darauf kam er wieder frei.

Die Überprüfung der Amtsführung des abgesetzten Oberbürgermeisters Lürken durch die Beamten des Kölner Regierungspräsidenten ergab nichts Nachteiliges. Seine Amtsführung wurde als »nach jeder Richtung hin einwandfrei und makellos« beurteilt.

Doch konnte man ihn kaum wieder einsetzen ins alte Amt, da war ja nun Parteigenosse Rickert. Also gab man eine andere Begründung, die auf unverschämte Art ehrlich war: »Die gebotene Gleichschaltung der Verwaltungen, denen die Durchführung der Maßnahmen der Nationalen Regierung anvertraut ist, erforderte eine Änderung in der Leitung der Verwaltung. Nur diese und keine anderen Gründe waren für die Neubesetzung der Oberbürgermeisterstelle maßgebend.«

Aber Lürken, der Verwaltungsfachmann, wurde gebraucht. Er ließ sich als Justitiar der Stadt wieder in die Pflicht nehmen. Die Nazis zeigten sich großzügig, weil er das alles ohne Protest über sich ergehen ließ. Sie verwendeten Lürken später als ersten Beigeordneten in Aachen. Das war »die einzige derartige Wiederverwendung eines 1933 abgesetzten Oberbürgermeisters«, so fand der Bonner Historiker Helmut Vogt heraus.

Getragen vom »Vertrauen meines Gauleiters«, wie er gerne tönte, räumte Oberbürgermeister Rickert in der Bonner Stadtverwaltung auf, nach außen hin kaschierte er das als »Wiederherstellung des preußisch-deutschen Beamtentums«. Gewählt für zwölf Jahre, genauso lange, wie das Tausendjährige Reich am Ende dauern sollte, führte er sich als tyrannischer Despot auf. Da kannte er dann nicht mal mehr Parteigenossen. So herrschte er einen rangniederen Mitarbeiter an: »Wenn Sie sich mir bedingungslos fügen, dann werden sie etwas. Wenn nicht, dann fliegen sie durchs Fenster oder ins KZ, ganz gleich, ob sie Freunde haben oder nicht.«

Eine peinliche Affäre überstand Rickert 1934. Ihm wurde vorgehalten, das Eiserne Kreuz I. Klasse, das er mit Stolz an der braunen Uniform trug, nicht tapfer erkämpft zu haben, er habe es sich selbst verliehen. Doch diese selbst für Nazis peinliche Anschuldigung wurde nicht weiter verfolgt.

Unter Rickerts Herrschaft wuchs die Stadt-Beamtenschaft. Allein in den ersten zwei Rikkert-Jahren wurden 114 neue Beamte eingestellt, das waren sieben Prozent mehr als 1932. Der Aufschwung, den das Dritte Reich nicht zuletzt wegen der Kriegsvorbereitungen nahm, kam auch Bonn zugute – bis zum schlechten Ende. So stiegen die Gewerbesteuereinnahmen von 0,77 Millionen Reichsmark im Jahre 1933 auf 3,5 Millionen 1938. Mitten im Krieg, im Jahre 1943, promovierte Rickert mit einer Dissertation über die »Finanzen der Stadt Bonn von 1913 bis 1938« zum Dr. phil. Stolz verwies er darauf, daß es ihm trotz sinkender Zuweisungen des Reichs gelungen sei, die Verschuldung Bonns zurückzuschrauben.

Im März 1945 war für Bonn der Krieg zu Ende und damit auch Rickerts Herrschaft. Die Amerikaner marschierten kampflos ein. Rikkert wurde zunächst einmal interniert, wie viele hohe Nazis, derer man habhaft werden konnte, doch strafrechtliche Ermittlungen wurden 1951 eingestellt. Eine Verstrickung in Nazi-Verbrechen konnte ihm bis dahin nicht nachgewiesen werden.

Nach der Machtübernahme wurde auch der Stadtrat von Bonn gleichgeschaltet – dank Rickert

Und das war das Resultat von zwölf Jahren Herrschaft der großen und der kleinen Rickerts: Bonn im Jahre 1945

Jetzt gewann der alte Kämpfer wieder Oberwasser. Er hatte in Wuppertal Unterschlupf gefunden in seinem erlernten Beruf als Lehrer und unterrichtete an einer privaten Handelsschule. Er klagte gegen die Stadt Bonn. Erstens müsse sie ihm das Gehalt nachzahlen für die Zeit vom März 1945 bis zum Ende seiner Wahlzeit am 30. Juni 1945. Zweitens verlangte er eine Pension. Die Stadt strengte nun ein Disziplinarverfahren gegen ihr ehemaliges Oberhaupt an. Kitzlig wurde es zwar, als ihm vorgeworfen wurde, er habe das Cabrio eines Godesberger Arztes im Frühjahr 1945 für einen hohen SS-Führer beschlagnahmen lassen, doch das erschien den Richtern als zu läppisch. Das Disziplinarverfahren wurde eingestellt.

Erneut klagte Rickert, diesmal auf Wiederbeschäftigung nach Artikel 131, der die Wiederverwendung ehemaliger Beamter und Offiziere sowie ihre Pensionsansprüche regelt. So schlecht standen Rickerts Chancen wohl gar nicht, wiewohl die Bonner Juristen sich intensiv vorbereitet und Material gegen ihn zusammengetragen hatten. Doch kurz vor Prozeßbeginn zog Rickerts Anwalt überraschend die Klage zurück.

Oberbürgermeister a.D. Rickert starb am 6. Oktober 1963 in Wuppertal. Er hat niemals öffentlich zugegeben, einem verbrecherischen Regime gedient zu haben. Bonn hat sich bemüht, ihn und die anderen großen und kleinen Nazis schnell zu vergessen und zu verdrängen. Das ist wohl auch gelungen.

Felix Hausdorff

Mathematiker mit Sinn fürs Komödiantische

Berlin rätselte: Wer war der Autor der bissigen Komödie »Der Arzt seiner Ehre«, in der ein Autor unter dem Pseudonym Paul Mongre über den Standesdünkel und die Borniertheit preußischer Beamter und Offiziere spottete? Das war zwei Jahre vor Ausbruch des Ersten Weltkriegs, zu einer Zeit, als ein Professor weniger galt als ein Husarenleutnant. Bald sprach sich herum, aus wessen Feder das vom Lessingtheater aufgeführte Stück stammte.

Sechs Jahre zuvor hatte es der Mathematiker Felix Hausdorff geschrieben. Das Pseudonym, das er sich für seine literarischen Unternehmungen zulegte, war hintersinnig. Er hatte den Namen Paul Mongre aus dem Französischen abgeleitet, »à mon gré« bedeutet »nach meinem Gutdünken«. Unter diesem Pseudonym veröffentlichte Felix Hausdorff eine ganze Reihe Essays und Aphorismen mit Titeln wie »St. Hilario, Gedanken aus der Landschaft Zarathustras« oder »Das Chaos in kosmischer Auslese«. Hausdorff, der sich als gescheiter und witziger Literat erwies, fühlte sich Friedrich Nietzsche und auch dem Jugendstil verbunden.

Der Literat aus Passion und Mathematiker von Profession, geboren am 8. November 1868 in Breslau, hatte seine akademische Laufbahn als Hochschullehrer in Leipzig begonnen. Von dort ging es nach Greifswald, 1921 bekam Hausdorff einen Ruf nach Bonn. Das literarische Schaffen hatte er – soweit bekannt ist – eingestellt, er bewegte sich nun nur noch in den Sphären der höheren Mathematik. So schuf er die »axiomatischen Grundlagen von Mengenlehre und Topologie«, wie es im Großen Brockhaus heißt. Was das genau ist, mögen Mathematiker erklären, jedenfalls wohl was Bedeutendes, stünde er sonst im Brockhaus?

Bonner, die sich an Hausdorff erinnern, schildern ihn als kauzigen, was Alltagsdinge betraf, leicht zerstreuten Professor, der für nichts anderes als seine Zahlen und Formeln zu leben schien, liebenswürdig dabei, auch witzig. Sein Haarschnitt war kurz, fast militärisch, sein Spitzbart war sorgsam gestutzt. Selbst als es nicht mehr der Mode entsprach, trug er einen »Vatermörderkragen« und Gehrock.

Generationen von Mathematikern hörten in den 20er und den ersten 30er Jahren »beim Hausdorff«. Bis 1935 konnten sie das tun. Dann wurde er zwangsemeritiert, wie der Rausschmiß auf akademisch heißt. Felix Hausdorff war Jude. Und ein Jude durfte vor Ariern des Dritten Reichs natürlich keine höhere Mathematik lesen. Er war von der Universität entlassen worden, ohne daß es zu nennenswerten Protesten seiner Kollegen gekommen wäre. Doch wie so viele der zu Beginn des Dritten Reiches 1 260 Bonner Juden (1 003 in Bonn selbst, 135 in Beuel, 122 in Bad Godesberg) sah auch Hausdorff keinerlei Grund, um sein Leben zu fürchten. Anders als sein Historiker-Kollege Wilhelm Levison, ebenfalls zwangsemeritiert aus rassischen Gründen, dachte der Mathematiker Hausdorff nicht ans Auswandern, nicht einmal nach der »Reichskristallnacht«, der Juden-Verfolgung im November 1938, als auch in Bonn die Synagogen brannten.

Dichter und Mathematiker: Felix Hausdorff

Dem Mathematiker ging die Rechnung nicht auf: Jude gleich minderwertig.

Es kam der Krieg. Es kam der September 1941 und die Anordnung, Juden hätten im

Auch in Bonn brannten die Synagogen

gesamten deutschen Reichsgebiet den gelben Stern zu tragen. Am 23. Oktober 1941 wurde ihnen verboten auszuwandern. Am 20. Januar 1942 beschloß die berüchtigte Wannseekonferenz die »Endlösung der Judenfrage«, die systematische Ausrottung der Juden, den Holocaust.

Das Kloster Endenich

Schon seit dem Sommer 1941 wurden die in Bonn verbliebenen Juden in das von der Gestapo (Geheimen Staatspolizei) beschlagnahmte Endenicher Benediktinerinnen-Kloster »Zur ewigen Anbetung« gebracht. Das war die vorletzte Station vor dem Abtransport in die Lager im Osten nach Theresienstadt und Lodz. Bis zu 474 Menschen lebten dort auf engstem Raum. Von den 358 Menschen aus Bonn, Beuel und Godesberg, die in diesem Kloster vegetieren mußten, haben nur sieben den Krieg überlebt.

Der Mathematiker Felix Hausdorff muß geahnt haben, daß die Gleichung seines Lebens nicht aufging. Bevor er, seine Frau und deren Schwester in das Kloster gebracht wurden, töteten sie sich am 26. Januar 1942 selbst. Das Wort Freitod paßt hier wohl nicht.

In Bonn erinnert eine sehr belebte Straße zwischen Dottendorf und der Bonner Südstadt an den Literaten und Mathematik-Professor Felix Hausdorff.

Carl Schurz

Terrorist in Preußen, Minister in den USA

Sein Handstreich auf die Spandauer Festung in der Nacht vom 18. auf den 19. November 1850 machte Schlagzeilen in allen Gazetten Europas. Carl Schurz, nach damaligem Verständnis ein Terrorist, befreite seinen Kumpanen Gottfried Kinkel aus der Festung von Spandau. Dort saß Kinkel, weil er am 10. Mai 1849 zusammen mit 120 Revolutionären versucht hatte, das Siegburger Zeughaus zu stürmen, um an die dort lagernden Waffen heranzukommen. Carl Schurz konnte zunächst nach Baden fliehen, nahm dort am ebenfalls gescheiterten Aufstand teil und setzte sich schließlich in die Schweiz ab. Kinkel und viele seiner Mitstreiter wurden gefaßt und verurteilt.

26 Revolutionäre wurden hingerichtet, Kinkel kam mit lebenslänglich davon und wurde in die als ausbruchsicher geltende Spandauer Festung gebracht. Voller Selbstmitleid schrieb er seiner Frau Johanna: »Das Spiel des Schicksals und der Parteiwut geht ins Wahnwitzige, daß die Hand, die der deutschen Nation Otto den Schütz schrieb, jetzt die Spule dreht.« Arbeit am Spulrad – das war seine Zwangsarbeit. Doch Freund Schurz hatte den Armen in der Festung nicht vergessen. Monatelang schmiedete er zusammen mit Kinkels Frau Pläne, wie man den Spulendreher befreien könnte. Schließlich erwies sich ein Wärter als bestechlich. Mit dessen Hilfe gelang es Schurz, Kinkel zu befreien, via Rostock flüchteten die beiden nach England, das damals vielen deutschen Emigranten Asyl bot, so auch Karl Marx. Marx konnte Kinkel nicht ausstehen, war der doch viel populärer als der Begründer des Marxismus.

Schurz war zwar mitgegangen nach England, doch im Gegensatz zu Kinkel sah er in Europa »no future«. Er wanderte 1852 aus in das Land der unbegrenzten Möglichkeiten – in die USA. Dort arbeitete er als Farmer, Anwalt und Journalist, wurde General, Senator, Minister. Theodor Heuss, der erste Bundespräsident, hielt anläßlich des 100. Geburtstages von Schurz die Gedenkrede und trat energisch dafür ein, daß er einen Platz in der Sammlung »Große Deutsche« erhielt. In den USA gilt Schurz, so der Baedeker, als »der gute Deutsche par excellence«.

Spuren hat der am 2. März 1829 in Liblar bei Köln geborene Schurz auch in Bonn hinterlassen. In seinem Geburtsjahr starb Schlegel. Goethes Faust I wurde in Braunschweig uraufgeführt, und ein gewisser Gustav Fechner erfand den ersten elektrischen Telegraphen.

Schurz war noch keine 17 und Student an der aufrührerischen Bonner Universität, als er Ende 1845 zusammen mit dem Philosophen Friedrich Nietzsche und dem Historiker Heinrich von Treitschke (»Männer machen Geschichte«) in Bonn die Studenten-Verbindung »Frankonia« gründete, die lange Zeit als die nobelste galt.

Hier in Bonn lernte Schurz das Ehepaar Johanna und Gottfried Kinkel kennen, in deren »Maikäferbund« sich Revolutionäre und Romantiker – und romantische Revolutionäre – ein Stelldichein gaben.

Im Februar 1848 war in Frankreich der »Bürgerkönig« Louis Philippe gestürzt worden. Am 20. März zogen Kinkel und Kumpel mit der schwarz-rot-goldenen Fahne zum Bonner Rathaus. Sie hatten keine Ahnung davon, daß in Berlin bereits der Kampf gegen die Revolution begonnen hatte. Denn der Fechnersche Telegraph funktionierte noch nicht so richtig. Kinkel hielt eine aufrührerische Rede, sein Freund Schurz hörte begeistert zu. Ein knappes Jahr später: Die Nationalversammlung nimmt die Frankfurter Verfassung an. Doch der König von Preußen lehnt die ihm vom Paulskirchen-Parlament angebotene Kaiserkrone ab, sie hatte für ihn den »Ludergeruch« der Revolution. Das war im April 1849. Nun wollten die Führer des Bonner »Demokratischen Vereins« um Kinkel und Schurz eine Verfassung mit Waffengewalt erzwingen. Dazu brauchten sie natürlich Waffen. Die lagerten im Siegburger Zeughaus. Der Sturm mißlang, Schurz floh, Kinkel kam in die Festung.

Nun also, nach der Befreiung aus der Festungshaft und der Flucht ins liberale England, saßen die enttäuschten Revolutionäre in London. Kinkel war's zufrieden, richtete sein Leben ein. Fritz J. Raddatz beschreibt in seiner Marx-Biographie, wie es im Hause Kinkels zuging, nämlich wie aus »Komödien oder Sittenromanen jener Zeit«.

Kinkel: »Beste Johanna«, sagt er mit tönender Stimme und ohne sich zu beeilen, »Du bist, mein Engel, so gut, schenke mir noch eine Tasse von dem vortrefflichen Tee, den Du so gut machst, ein!« – »Es ist zu himmlisch, liebster Gottfried, daß er Dir geschmeckt hat. Tue für mich, mein Bester, einige Tropfen Schmand hinein.« Diese Szene stammt, muß man der

Carl Schurz (rechts) und sein Kumpel Kinkel kurz nach dem kühnen Handstreich auf die Festung Spandau im November 1850

Fairness halber sagen, aus einem Brief von Karl Marx an Friedrich Engels. Eine erfreuliche Beschreibung der Kinkels stammt von Carl Schurz, sie ist im Kinkel-Kapitel abgedruckt.

Die durchaus bürgerliche Exil-Existenz in London, die Cliquenwirtschaft und das Verurteiltsein zum Nichtstun, all das behagte Carl Schurz nicht. Er schiffte sich zusammen mit seiner Frau Margarethe Meyer-Schurz ein nach Amerika. Das war im Jahre 1852. Zunächst ließen sie sich als Farmer nieder, seit 1858 arbeitete er als Anwalt in Wisconsin. Der bürgerliche Revolutionär wetterte frühzeitig gegen die Sklaverei. So fand er den Weg zur Republikanischen Partei und zu Abraham Lincoln. Für ihn, den wohl bedeutendsten Präsidenten der USA, machte der glänzende Redner Schurz Wahlkampf. Nach Lincolns Wahlsieg belohnte der Schurzens Hilfe und machte ihn zum Gesandten in Madrid.

Doch seine Diplomatenlaufbahn endete jäh, als der Sezessionskrieg ausbrach. Die Südstaaten wollten sich mit dem von Lincoln verfügten Ende der Sklaverei nicht abfinden und machten mobil gegen den Norden. Schurz wurde

Kommandeur einer deutsch-amerikanischen Division. Sehr erfolgreich war General Schurz in den Schlachten von Bull Run, Chancellorsville und Gettysburg nicht. Der Norden gewann nicht wegen Schurz, sondern trotz seiner glanzlosen Kriegsführung.

Nach dem Motto: »Wer nichts wird, wird Wirt und wer nichts ist, ist Journalist« verlegte sich Schurz nach dem Ende des Bürgerkrieges aufs Schreiben. Von der Politik mochte er aber nicht lassen. Die Bürger des Staates Missouri wählten ihn zum Senator. Sechs Jahre lang, von 1869 bis 1875, vertrat er diesen Staat in Washington, solange war er auch Herausgeber der »Detroit Post« und der »Westlichen Post«.

Vier Leistungen sind es, die Carl Schurz einen dauerhaften Platz in den Geschichtsbüchern der USA sichern: Seine Aussöhnungspolitik mit den Südstaaten, sein Kampf für die Rechte der Indianer, sein energisches Eintreten gegen die korrupte Parteiherrschaft unter dem US-Präsidenten Grant, dem einstigen Nordstaaten-Oberbefehlshaber, und die Reform des öffentlichen Dienstes (Civil Service), deren Prinzipien heute noch gültig sind.

In einem 1955 gehaltenen Vortrag »Stilfragen der Demokratie« schildert Theodor Heuss eine Begegnung mit dem Hohen Kommissar der USA, McCloy, kurz nach dem Krieg: »Als Mr. McCloy mir mal seine Klage vortrug, bei der ersten Begegnung, wie schrecklich das sei, wie viele Beamten die Deutschen hätten, da habe ich ihm gesagt: Im Jahr 1879 hat Carl Schurz den Civil Service bei euch aufgebaut... Ihr habt doch auch unendlich viele Beamte bekommen, ihr habt es nur noch nicht gemerkt, aber wir haben es gemerkt.«

Der Aufbau eines professionellen Beamtenapparates, der noch Jahrzehnte später Amerikanern und Deutschen Gesprächsstoff lieferte, gelang Carl Schurz in nur vier Jahren, von 1877 bis 1881, als Innenminister des Präsidenten Rutherford Hayes. Als »elder Statesman« wurde er mit der Leitung der »Civil Service Reform League« von 1892 bis 1901 betraut.

Nach seinem Ausscheiden aus dem Staatsdienst, arbeitete Schurz wieder als Journalist, diesmal in New York, als Herausgeber von »Harper's Weekly«.

Er blieb zeitlebens ein unbequemer und nur seinen Prinzipien treuer Mann. Er wurde Lobbyist der Lobbylosen – das waren die Indianer. Auf sein Betreiben hin wurde das »Bureau of Indian Affairs«, ein zuvor ziemlich korrupter Sauhaufen, gesäubert und fungierte fortan als Büro für Indianer-Interessen. Ärger mit vielen patriotischen Landsleuten bekam Schurz, als er 1898 gegen den amerikanisch-spanischen Krieg schrieb und die Annexionen der USA verurteilte. Doch auch seine Frau Margarethe leistete Pionierarbeit. Sie gründete den ersten Kindergarten der USA. »Kindergarten« blieb eines der wenigen deutschen Lehnworte im US-Amerikanischen – wie viel später »Blitzkrieg«.

Der Kämpfer für Freiheit und Menschenrechte Carl Schurz starb am 14. Mai 1906 in New York. Just in diesem Jahr gelang es der Funkstelle Nauen bei Berlin, über 12 500 Kilometer hinweg eine drahtlose telegraphische Verbindung mit dem Dampfer »Bremen« herzustellen. Just in diesem Jahr blamierte der Schuster Wilhelm Voigt als Hauptmann von Köpenick den blinden Glauben der Deutschen an den Obrigkeitsstaat, der sich in der Hab-Acht-Mentalität vor Offiziers-Uniformen besonders prägnant ausdrückte.

Alexander Koenig

Ein Leben für ein Paradies der toten Tiere

Aus toten Augen blickte ein ausgestopftes Giraffenpaar auf die Masse der Zweibeiner, die sich da am 1. September 1948 im Lichthof des Paradieses der toten Tiere im Museum Koenig versammelte. Die hohen Menschentiere schickten sich an, einen neuen Staat zu begründen und berieten im Angesicht präparierter Tiere über eine neue Verfassung. Es war keine andere Herberge für die vielen Väter und die wenigen Mütter der Verfassung als ausgerechnet jenes Museum. Später diente es noch bis zur Fertigstellung des Palais Schaumburg als Kanzleramt der jungen Bundesrepublik, und auch das bayerische Urviech Franz Josef Strauß mußte sich zwischen den präparierten Tieren einrichten, dort residierte er kurze Zeit als Sonderminister.

Das Museum Koenig ist untrennbar verbunden mit der Geschichte der zweiten deutschen Republik. Der Stifter des Museums, Alexander Koenig, hat das nicht mehr miterlebt, er starb 1940. An der Politik war er wohl nicht sonderlich interessiert – ihn interessierten Tiere, Tiere, Tiere.

Ob sich Koenig nun mit *ö* oder *oe* schreibt, das läßt sich nicht mehr klären. Wahrscheinlich aber ist *oe*. Der Papa des Museumgründers, Vorname Leopold, hatte es in Rußland zu immensem Wohlstand gebracht. Mit Zucker. Da es im Kyrillischen kein *ö* gibt, nennen wir die Herren Koenig.

In Rußland zur Zarenzeit war Zucker mehr als ein süßer Stoff, es war fast eine Zweitwährung, ein wichtiges und hoch geschätztes Gut. Vater Leopold Koenig war ungemein wohlhabend geworden durch den Anbau von Zuckerrüben und den Handel mit Zucker, er war vielfacher Millionär. Sein Firmensitz war das damalige St. Petersburg, die Stadt des Zaren, heute Leningrad genannt.

Koenig wollte Tiere in ihrer natürlichen Umgebung zeigen

Dort in St. Petersburg wurde Alexander, der Sohn des Zuckerzaren, 1858 geboren. Nach dem gerade regierenden Zaren Alexander II, einer der liberalsten Reformer des Russenreichs, wurde der Sohn benannt. Alexander bedeutet Männerbezwinger. Doch Jung-Zuckerzar Alexander hatte es mehr mit den Tieren. Das erwies sich, als die Koenigs an den Rhein übersiedelten.

Vater Leopold glaubte, genug Geld mit dem Zucker gemacht zu haben und wollte wieder in Deutschland leben. Er entschied sich für Bonn. Die Stadt hatte ein mildes Klima, lag am romantischen Rhein in einer Landschaft, die man damals sicher lieblich nennen konnte. Und hier hatte sich der deutsche Geldadel niedergelassen. Nur in Berlin lebten damals noch mehr Millionäre.

Da er mit seinem Zucker genug Kohle gemacht hatte, konnten sich Koenigs was Kaiserliches leisten. An der damals so genannten Coblenzer Straße – heute Adenauerallee – erwarben sie eine große Villa, die nach den Entwürfen von Baurat August Diekhoff gebaut wurde, einen großen, sich bis zum Rhein erstreckenden Park ließ Koenig anlegen und seltene Bäume herbeischaffen, die noch heute das Herz jedes Botanikers erfreuen. Der kleine Alexander war zehn, als die Familie an den Rhein zog.

Man darf annehmen, daß er seine Neigung zur Tierkunde hier schon entdeckt hat und mit Botanisiertrommel und Netz durch den Park streifte, um Schmetterlinge zu jagen, ein damals durchaus nicht ungewöhnliches Kindervergnügen.

Im Jahre 1900 verkauften Koenigs Haus und Park an den Industriellen, Kommerzienrat Rudolf Hammerschmidt. 50 Jahre später erwarb die Bundesrepublik das Gelände, dort im Schatten der Bäume des Zuckerzaren residiert das deutsche Staatsoberhaupt. Bonn, Villa

Im imposanten Museum Koenig an der Adenauer-Allee berieten die Väter und Mütter der Verfassung am 1. September 1948

Hammerschmidt, ist die Anschrift des höchsten deutschen Tiers. Der Verkauf, der fortan so genannten Villa Hammerschmidt durch den alten Koenig geschah nicht des schnöden Mammons wegen, davon hatte Koenig nach wie vor genug, nein, Sohn Alexander wollte ein Museum, sein eigenes Museum für Zoologie haben. Und Papa Koenig tat seinem Sprößling den Gefallen, er erwarb gegenüber dem Familiensitz ein großes Grundstück.

Alexander hatte Zoologie studiert und war dauernd unterwegs, um zu erforschen, was da kreucht und fleucht. Zunächst reiste und forschte er rund ums Mittelmeer, dann wagte er sich nach Afrika, nach Spitzbergen, auf die Bäreninseln, in die Arktis. Von all diesen Reisen brachte er nicht nur kluge Erkenntnisse mit, sondern auch präparierte Tiere – für sein Museum.

Den Grundstein legte Koenig, seit 1888 Professor, im Jahre 1912. Aber es sollte noch 22 Jahre dauern, bis es eröffnet werden konnte und wißbegierige Tier-Interessenten durch das Portal mit der feierlichen Inschrift »Studiis Zoologicis sacrum« schritten, was bedeutet: »Weihestätte für tierkundliche Studien.«

Als der Rohbau des im Stil der Neurenaissance vom königlichen Hofrat Holland entworfenen Bauwerks fertig war, brach der Weltkrieg Nr. 1 aus, und das Deutsche Reich hatte andere Probleme als Prof. Alexander Koenigs Privatmuseum. Nach der Niederlage interessierten sich die Besatzer für das repräsentative Gemäuer, sie bauten es zur Kaserne aus. Koenig fürchtete um sein Lebenswerk. Aber er kämpfte wie ein Löwe dafür.

Ein anderer hätte spätestens aufgegeben, als er erfuhr, daß nach der Revolution in Rußland und später durch die Inflation im Deutschen Reich das Vermögen von einst elefantöser Größe auf Zwergpinscher-Format geschrumpft war. Doch Tierforscher Koenig erwies sich als schlau wie ein Fuchs. Geld hatte er kaum, aber ein Haus, viele, viele tote Tiere und eine quicklebendige Idee. So stiftete er seine Sammlungen und das von den Besatzern wieder geräumte Haus dem Deutschen Reich. Das war im Jahre 1929. Fünf Jahre später war es dann soweit. Am 13. Mai 1934 konnte das nach seinem Gründer und Stifter benannte Museum eröffnet werden. Die Stadt Bonn belohnte Koenig mit der Ehrenbürgerwürde, die Universität ernannte ihn zum Ehrensenator. Prof. Koenig bezog im ersten Stock ein holzgetäfeltes Büro, er lebte gerne mit den toten Tieren unter einem Dach.

Der Tierforscher aus Leidenschaft verstand sein Haus allerdings nicht als toten Zoo, sondern als Forschungsinstitut, von den Forschungsarbeiten hinter den Kulissen kriegen die Besucher jedoch nicht viel mit. Heute noch bemühen sich die Wissenschaftler im Sinne Koenigs die Tiere so zu präsentieren, daß ihr Lebensraum erfahrbar wird. 75 000 ausgestopfte Vögel bietet das Museum, eine halbe Million allein chinesische Schmetterlinge. Prunkstücke sind präparierte Exemplare inzwischen ausgestorbener Tierarten, wie der Riesenalk oder das Skelett eines madegassischen Moa.

In dem schwedischen Naturfotografen und Schriftsteller Bengt Berg fand Koenig einen kongenialen Partner. Koenig schickte ihn in alle Welt, damit er das Leben der Tiere, insbesondere der Vögel, studieren und seine Dioramen im Museum naturgetreu aufbauen konnte. Der Museumsbesucher sollte in der Lage sein, in ein paar Stunden eine Reise um die ganze Welt zu machen und zu erkunden, wie Tiere in ihrer natürlichen Umgebung leben. Wer heute im Museum Koenig quasi miterlebt, wie Elche in Ost-Preußen gelebt haben oder Auerhähne auf einer Lichtung balzen, kann ein wenig von der Faszination erahnen, die Alexander Koenig bei der Durchsetzung seines Lebenswerks empfunden haben mag.

Der Zoologe Koenig starb 1940 auf Gut Blücherhof in Mecklenburg. Sein Museum überstand den Bombenangriff im Weltkrieg Nr. 2 auf Bonn und auch die Besatzung durch die Politiker ziemlich unbeschadet.

Carl Baunscheidt

Uropas Heilpraktiker wurde Schloßherr

Der Verfasser des folgenden Gedichts hat schon größere Sternstunden erlebt. Ein Werk von ihm kann man heute noch Tag für Tag hören. Am 27. Februar 1859 machte jener Dichter in der »Bonner Zeitung« Reklame, Reklame für den Heilkundigen Carl Baunscheidt. Das Gedicht geht so: »So gut sich der Rheumatismus / auch reimt auf Baunscheidtismus / so können sich beide nur schlecht vertragen. / Sie müssen sich immer befehden und schlagen. / Drum, wir Baunscheidtisierten, / glücklich Curierten / wir wollen dem Baunscheidt zu Dank und Ehren / ein Kelchglas 57er leeren: / Baunscheidt hoch«.

Pfiffig blickt der Wunderheiler in die Welt. Seine Methoden brachten ihm Wohlstand

Das Lobgedicht auf einen Medizinmann stammt von Heinrich Hoffmann von Fallersleben und wurde anläßlich des 50. Geburtstages von Carl Baunscheidt gedruckt. Der Dichter des Deutschlandliedes hatte sich von Baunscheidt wegen seines Rheumaleidens behandeln lassen, wie man dem Dankgedicht entnehmen kann, wohl mit ziemlichem Erfolg, durfte er doch sogar zechen, was ja ansonsten Rheumatikern heute noch oft verboten wird.

Carl Baunscheidt war der Wundermedizinmann des Rheinlandes im vergangenen Jahrhundert, er war Opas Köhnlechner. Wie seine Methode wirkte, wir wissen es nicht, in der Medizin jedoch kennt man den »Placebo-Effekt«. Das bedeutet, daß selbst einfache Zukkerbonbons Heilerfolge bringen, wenn der Patient nur dran glaubt. Die Baunscheidt-Methode half nicht nur vielen Kranken, sie half auch ihrem Erfinder, der sich 1850 von den Honoraren der Honoratioren die zerfallene Dottendorfer Burg kaufen konnte und dort seine Wunderklinik eröffnete. Der gelernte Stellmacher war damals ein gemachter Mann, ein Millionär.

Ein wenig erinnert die Methode des 1809 auf dem Gut Brekerfeld geborenen Landwirtssohns Baunscheidt an die Akupunktur der klassischen chinesischen Heilkunst, die auch lange Zeit von der arroganten Schulmedizin Europas nicht ernst genommen wurde, aber dennoch in einigen Bereichen durchaus erfolgreich ist.

Baunscheidt hatte sich 1838 in Endenich niedergelassen. Sein Ruf, insbesondere bei Gichtkranken und Rheumatikern, wuchs schnell, sehr zum Verdruß der Schulmedizin. Aus allen deutschen Landen kamen die Geplagten nach Bonn.

Baunscheidts Methode ging so: Mit Hilfe einer Federvorrichtung ließ er ein Bündel feinster Stahlnadeln, die er »Lebenswecker« nannte, in die Haut der Patienten schnellen. Die geritzte Haut rieb er mit speziellen, selbst zubereiteten Ölen ein. Und siehe da, die Kranken fühlten sich wohler.

Baunscheidts Klinik in Dottendorf war Ziel für weither angereiste Rheumakranke

Sehr viel weiter, als Schmerzen zu lindern, sind die Rheumakundler ja auch heute noch nicht.

Einige Naturheilkundler erinnerten sich Jahrzehnte nach dem Tode des Maestro am 1. Oktober 1873 in seiner Burg an Baunscheidts Erfahrungen, sie verfeinerten sie und wenden sie angeblich auch mit Erfolg an. Der Placebo-Effekt ist eben nicht an Zeiten, Orte und Personen gebunden.

Die Burg des Carl Baunscheidt wurde 1925 ein Kinderkrankenhaus. Auch in der Kinderheilkunde der Dottendorfer Klinik ging man ungewöhnliche Wege. So gab man dort, als es noch nicht allgemeine Mode war, Eltern die Gelegenheit, bei ihren schwererkrankten Kindern zu bleiben, damit durch Zuwendung ihre Heilung verbessert würde. Dies ist nun allerdings nicht mehr umstritten.

Seit Jahren hat die FDP in der Baunscheidtstraße 15 ihr Hauptquartier. Und dies ist ein Signum höherer Weisheit, versteht es doch die kleine liberale Partei genau wie der Namensgeber ihrer Straße mit kleinen Nadelstichen unerklärbare Wirkungen auf den politischen Organismus der Bundesrepublik auszuüben, das ist so etwas wie ein politischer Placebo-Effekt: Man muß dran glauben.

Quellenhinweise

Archiv der Stadt Bonn

Archive der Zeitungen *Bild am Sonntag, Bonner Rundschau, Die Welt, Expreß, General Anzeiger Bonn, Kölnische Volkszeitung, Munzinger Biographien, Munzinger Sportarchiv, Ostpreußenblatt, Rhein-Sieg-Anzeiger, Siebengebirgszeitung, Welt am Sonntag, Westdeutscher Beobachter*

Arndt, Ernst Moritz: *Erinnerungen aus dem äußeren Leben.* Leipzig 1840

Arndt, Ernst Moritz: *Wanderungen aus und um Godesberg.* Bonn 1844

Bischof, Erwin: *Rheinischer Separatismus 1918 – 1924*

Bonner Geschichtsblätter

Bonner Universitätszeitung

Bonn ist 2000. Festbuch zum Stadtjubiläum. Berlin 1988

Braubach, Max: *Maria Theresias jüngster Sohn Max Franz.* München 1961

Braubach, Max: *Kleine Geschichte der Universität Bonn 1818 – 1968.* Bonn 1968

Braubach, Max: *Wilhelm von Fürstenberg.* Bonn 1972

Chronik der Deutschen. Dortmund 1983

Chronik der Stadt Bonn. Dortmund 1988

Dahrendorf, Ralf/Vogt, Martin (hrsg.): *Theodor Heuss – Politiker und Publizist.* Tübingen 1984

Ennen, Edith/Höroldt, Dieter: *Vom Römerkastell zur Bundeshauptstadt.* Kleine Geschichte der Stadt Bonn. Bonn 1985

Erdmann-Macke, Elisabeth: *Erinnerungen an August Macke.* Stuttgart 1962

Frank-Planitz, Ulrich: *Kleine Geschichten aus Bonn.* Stuttgart 1989

Gespräche mit Prof. Beier und Prof. Oeyen

Henkels, Walter: *Bonner Köpfe in Wort und Bild.* Düsseldorf 1981

Hesse, Werner: *Geschichte der Stadt Bonn während der französischen Herrschaft.* Bonn 1879

Höroldt, Dieter: *25 Jahre Bundeshauptstadt Bonn.* Bonn 1974

Hübinger, Paul Egon: *Thomas Mann, die Universität Bonn und die Zeitgeschichte.* München 1974

Hüffer, Hermann: *Peter Joseph Boosfeld und die Stadt Bonn unter französischer Herrschaft*

Kinkel, Gottfried: *Selbstbiographie* (hrsg. von Richard Sander). Bonn 1931

Krämer, K. E.: *Rheinische Erzbischofgeschichten.* Berlin

Lützeler, Heinrich: *Bonn, Versuch eines Porträts.* Bonn 1948

Lützeler, Heinrich: *Bonn, so wie es war.* (Bd. 1: 1900 – 1939; Bd. 2: 1940 – 1980). Düsseldorf 1978 und 1980

Maurer, Doris und Arnold E.: *Bonn erzählt.* Streifzüge durch das literarische Bonn. Bonn 1983

Maurer, Doris und Arnold E.: *Bonn.* Ein Städte-Lesebuch. Frankfurt 1990

Mostar, H./Herbig, F. A.: *Liebe, Klatsch und Weltgeschichte*

Raddatz, F. J. (hrsg.): *Mohr an General.* Marx und Engels in ihren Briefen. Wien 1980

Roth, Hermann Josef: *Bonn.* Kunstreiseführer. Köln 1988

Rougement, Denis de: *Die Schweiz – Modell Europas.* Wien 1965

Schmidtbonn, Wilhelm: *Der dreieckige Marktplatz.* Berlin 1935

Schmidtbonn, Wilhelm: *An einem Strom geboren.* Frankfurt 1936

Schumm-Walter, Charlotte: *Berta Lungstras – ein rheinisches Frauenleben in christlicher Fürsorge.* Neuwied 1931

Schurz, Carl: *Lebenserinnerungen.* Berlin 1906–12

Terjung, Knut (hrsg.): *Der Onkel.* Herbert Wehner in Gesprächen und Interviews. Hamburg 1986

Unglaublich, Herr Präsident. Ordnungsrufe Herbert Wehner. Krefeld 1985

Werner, Rudolf: *Dorten und Co.* (Selbstverlag)

Bildnachweis

Jürgen Bringenberg, Düsseldorf: S. 10, 18, 36, 38, 42, 44, 63, 70, 77, 135, 151, 152, 156

Bundesbildstelle Bonn: S. 59, 109, 110, 113

Privatsammlung Franz Grünkorn, Köln: S. 91–93

Privatsammlung Gerhard Krüger, Bonn: S. 48–51

Georg Munker, Bonn: S. 118, 119

Portugiesische Botschaft, Bonn: S. 129, 131

Städtisches Kunstmuseum, Bonn: S. 105–108

Verein an der Synagoge e.V., Bonn: S. 143, 145 u.

alle übrigen Abbildungsvorlagen *Archiv der Stadt Bonn* (Reproduktionen *Jürgen Bringenberg*, Düsseldorf)